욕망하는 집

욕망하는 집

심리학으로 들춰 본 영화 속 집과 공간에 숨은 욕망

초판 1쇄 인쇄 2014년 11월 25일 \ **초판 1쇄 발행** 2014년 11월 30일
지은이 박규상 \ **펴낸이** 이영선 \ **편집 이사** 강영선 \ **주간** 김선정
편집장 김문정 \ **편집** 임경훈 김종훈 김경란 하선정 \ **디자인** 김회량 정경아
마케팅 김일신 이호석 김연수 \ **관리** 박정래 손미경

펴낸곳 서해문집 \ **출판등록** 1989년 3월 16일(제406-2005-000047호)
주소 경기도 파주시 광인사길 217(파주출판도시) \ **전화** (031)955-7470 \ **팩스** (031)955-7469
홈페이지 www.booksea.co.kr \ **이메일** shmj21@hanmail.net

ISBN 978-89-7483-701-3 03180
값 14,900원

이 책은 한국출판문화산업진흥원의 2014년 '우수 출판콘텐츠 제작 지원' 사업 당선작입니다.

이 도서의 국립중앙도서관 출판시도서목록(CIP)은 e-CIP 홈페이지(http://www.nl.go.kr/ecip)에서
이용하실 수 있습니다.(CIP제어번호: CIP2014033384)

욕망하는 집

심리학으로 들춰 본 영화 속
집과 공간에 숨은 욕망

박규상 지음

서해문집

차례

CHAPTER

0

욕망 공간에 발 들이기

집을 보면 그곳에 살고 있는 사람의 마음을 들여다볼 수가 있다고 해.
사람의 마음이 자신이 살고 있는 공간에 있는 그대로 비춰진다고.
사기꾼의 집이 사기꾼의 얼굴을 하고 있듯이.
- 미야베 미유키, 〈모방범〉 中

우리는 건축물을 만든다. 그리고 건축물은 우리를 만든다.
- 윈스턴 처칠

여러분은 혹시 어렸을 때 창문을 타고 넘어 놀러 나가거나, 장롱에 들어가 숨바꼭질을 하거나, 책상 밑에 들어가 놀지는 않았는지요? 차를 타고 터널을 지나갈 때 컴컴한 터널 건너편에는 뭔가 새로운 세상이 펼쳐져 있을 것 같아 가슴이 두근거리지는 않았는지요? 울창한 수풀 사이로 작은 오두막집이 보이면 왠지 작고 귀여운 괴물이 나를 반겨 줄지도 모른다고 생각하지는 않았는지요? 아니면 친구 집을 찾아가려다 길을 잘못 들어서는 바람에 미로 속을 방황하는 것처럼 땀을 흘리며 불안해 한 적은 없었나요? 혹은 매일 똑같은 일상이 따분하고 지루해서, 혹은 어디론가 멀리 떠나고 싶어서, 다른 시간과 공간으로 갈 수 있는 타임머신이 있으면 좋겠다고 생각해 본 적은 없는지요?

우리가 살아가는 공간, 그러니까 집이나 거리·병원·학교·회사의 건물·공원이나 산과 같은 공간이 없다면 우리는 존재할 수 없습니다. 그래서 인간은 어디든 공간을 차지하며 살아갈 수밖에 없는 존재입니다. 인간과 공간은 떼려야 뗄 수 없고, 아주 오랜 옛날부터 밀접한 관계에 있습니다.

특히 우리가 가장 중요한 공간으로 여기는 집은 이제 단순히 외부의 적을 피하고, 비바람을 피하는 물리적 방어의 수단이 아닙니다. 경제적 부와 사회적 지위를 나타내기도 하고, 가족 구성을 말해 주고, 자신의 성격도 표현하는 상징적 도구가 되었습니다. 특히 마음을 치유하는 집이란 개념까지 등장하면서, 집과 인간의 마음이 서로 영향을 주고받는 관계의 중요성이 확대되어 가고 있습니다.

예를 들어 우리는 해가 바뀌거나 새로운 일을 시작하려고 할 때, 집안 대청소를 하거나, 새로운 가구를 들이거나, 벽지를 바꾸거나, 아예 이사를 떠나기도 합니다. 이런 행동은 사실 새롭게 시작하는 자기 모습을 새로운 공간을 통해 확인해 보는, 어쩌면 무의식적 행동일지도 모릅니다.

'새 술은 새 부대에'라는 옛말이 있듯이, 어디론가 여행을 떠나서 자신을 새롭게 하고자 하는 것도, 집과 같은 일상 공간에서 벗어나 비일상 공간을 경험하는 것도, 이전과는 뭔가 다른 새로운 것은 새로운 공간에서 발휘되어야 한다는 생각에서 비롯합니다.

십자가나 묵주가 걸려 있는, 깨끗하게 정리된 된 집에 놀러 가면 자신도 모르게 조심스레 행동하게 되고, 밝은 햇살이 비치는 거실에서 대접받으면 왠지 기분도 밝아지고 차분해집니다. 스테인드글라스가 있는 성당이나 확 트인 카페에 들어가는 것과 같은 기분이 되는 셈이죠.

우리는 집과 사는 사람의 심리적 관계가 밀접하다는 사실을 굳이 책에서 읽거나 배우지 않아도 피부로 느껴 알고 있습니다. 그래서 자신에게 맞는 집을 신중하게 고르고, 꾸미고, 바꾸고, 또 타인에게 보여 줌으로써 '나는 이런 사람이다'는 존재를 알리는 것입니다.

이렇게 우리 생활과 마음에 중요한 집이니 만큼, 인간의 심리 분석 틀로 집을 활용하는 것이 새롭지만은 않습니다.

저는 낯선 집에 있었습니다. 그곳은 2층 건물이었습니다. 본 적 없는 로코코 양식의 방이었지만, 그곳은 제 집 같기도 했습니다. 계단 밑은 어떻게 되어 있을까 생각하고 밑으로 내려갔습니다. 아주 오래된 15~16세기풍의 양식이었습니다. 집안을 좀 더 둘러볼 의향으로 이곳저곳을 둘러보던 중 한 묵직한 문을 발견했습니다. 그 문을 열자, 지하에 돌계단이 있고 로마 시대의 돌판이 바닥에 깔려 있었습니다. 바닥 한 곳에 손잡이가 달린 돌판이 있기에 들어 올리니 또 계단이 있었습니다. 불빛 없는 암흑의 계단을 더 내려가 보니 두 개의 두개골이 있었습니다.

마치 영화의 한 장면 같은 위 이야기는 유명한 심리학자 칼 융Carl Gustav Jung의 꿈입니다.* 융이 이처럼 마음을 오래된 건물로 비유한 꿈을 꾼 것에 대해, 프랑스 철학자 가스통 바슐라르Gaston Bachelard는 "이 비유가 쉽게 전개될 수 있다는 사실만으로도 집을 인간 영혼의 분석 수단으로 간주하는 것은 의미가 있다"라고 말했습니다. 다시 말해 '집'에 대해 이야기하는 것 자체가, 인간의 자아에 대한 탐구이며, 이것이 정신분석의 기본 방향 중 하나

---

* 융은 정신분석의 창시자인 프로이트에게 이 꿈의 내용이 자신의 어떤 욕망을 상징하는지를 물어보았다. 프로이트는 이에 대해 누군가의 죽음을 바라는 융의 개인적 무의식의 산물이라고 해석했다. 하지만 융은 이 꿈을 수직적인 이중 구조를 가진 도식으로 파악하고 이를 개인적 무의식 차원이 아니라, 어떤 집단 나아가 인류가 보편적으로 지니는 집단적 무의식을 의미한다고 생각하게 되었다. 이 꿈은 융이 프로이트와 결별하고 자신의 정신 구조 개념인 '집합적 무의식'을 중심으로 이론을 만들게 된 계기로 널리 알려졌다.

임이 분명하다는 말입니다.

융보다 앞서 헨리 데이비드 소로Henry David Thoreau는 세계적 명저로 꼽히는 《월든》에서 다음과 같은 한 줄로 인간이 살고 있는 집이 무의식과 본능의 세계로 들어가는 공간이라고 말한 적이 있습니다. 융의 꿈처럼 말입니다.

> 집이란 아직도 지하실 입구에 지어진 일종의 현관에 지나지 않는다.

따라서 집을 비롯한 건축 공간과 그 공간의 이용자, 거주자 간의 관계성을 파악하려고 하는 것은 어찌 보면 심리학의 정신분석적 흐름이나 문학적 상징론을 따르기도 합니다.

융 학파로 불리는 정신분석 연구자들은 신화·전설·민담·설화·동화 등의 이야기 분석에도 흥미를 갖고 이야기에 등장하는 공통된 상징성을 분석했습니다. 이 책에서 영화나 애니메이션에 등장하는 공간의 상징성을 분석하는 것도 사실 같은 맥락이라 할 수 있습니다.

특히 본문에서는 욕망에 주목해 집과 인간의 심리적 관계를 살펴봅니다. 욕망은 정신분석을 포함한 심리학의 가장 큰 관심사며, 모든 행위와 사고의 시발점이자 결과이기 때문입니다. 그리고 인간의 욕망은 대상을 통해 투영되고 그 욕망의 대상이 다시 인간을 변화시키는, 집과 인간 심리의 기본 관계 구조와 같기 때문입니다.

동굴을 이용하거나 땅을 파고 가운데 불을 피우던 먼 옛날부터, 집은 적과 자연으로부터의 방어 욕망, 사회적 과시 욕망, 안정과 치유 욕망을 해소하는 도구이자 결과물이었습니다. 또 그 집에서 생활하면서 점차 우리는 욕망을 키워 가고 새로운 욕망에 눈을 뜹니다. 방이 생기면 서재를 만들고 싶고 책을 사들이고 싶습니다. 벽이 휑해 보이면 미적 욕망에 눈떠 그림을 보러 다니고 작은 장식이라도 걸게 됩니다.

앞으로 살펴보겠지만 우리는 많은 욕망을 집에 투영하고 살아갑니다. 그리고 그 투영된 욕망이 해소되면 다시 다른 욕망을 발견하기도 하고 증폭시키기도 합니다.

이 책에서는 집에 투영된 욕망을 영화 속에 등장하는 집을 통해 살펴보려고 합니다. 집과 인간 심리를 다루면서 소설이나 시가 아닌 영화와 애니메이션을 소재를 삼은 것은, 활자 속 집보다 필름 속 집이 직접적으로 시각을 자극하는 요소이기 때문입니다. 독자에게 이미지를 맡기는 것이 아니라, 감독이 의도적으로 만들어 낸 공간이란 뜻입니다. 따라서 영화를 보는 사람은 쉽게 이미지를 공유하고, 분석하는 사람도 이미지와 언어로 설명하기가 용이합니다.

영화 속에서 집이란 공간은 감독이 많은 의미를 담아서, 임팩트 있게, 관객의 의식과 무의식에, 어떤 메시지나 이미지를 전달하려고 삽입한 장치입니다. 물론 감독이나 다른 제작진이 집과 주인공의 심리를 정확히 계획하거나 분석해 영화에 집어넣지 않았을지도 모릅니다. 하지만 적어도 '이런 사람은 이런 집에 산다고 하는 설정이 가장 명확히 이미지를 전달할 것 같다', '이 공간은 이런 분위기에 가장 적합할 것 같다', '이런 집에 살다 보면 사람은 이런 생각을 할 것이다' 등의 생각에서 영화 속 집이 설정되었을 것입니다.

이때 가장 중요한 것은 감독이나 제작진의 의도가 관객에게도 적절히 전달되어야 한다는 점입니다. 우리가 영화나 애니메이션, 만화, 뮤지컬 등을 콘텐츠 또는 문화콘텐츠로 부르는 이유가 바로 여기에 있습니다. 감독이나 제작진이 갖고 있는 집에 대한 이미지나 느낌이, 영화를 보는 사람의 이미지나 느낌과 공유되어야 하기 때문입니다. 이미지나 느낌을 포함해 이렇게 사회의 모든 사람이 공유하고 있는 가치 체계를 우리는 '문화'라고 부릅니다.

그러므로 지금부터 살펴보려고 하는 것은, 집이 그곳에서 살고 있는 거주자 또는 이용자의 마음, 특히 욕망을 어떻게 반영하고 또 그 욕망에 어떤 영향을 미치는가에 대한 분석일 뿐 아니라, 우리가 공유하고 있는 집이란 공간에 대한 생각과 느낌은 어떠한가, 우리의 문화는 어떠한가를 분석하는 일이기도 합니다.

자, 그럼 지금부터 〈늑대소년〉의 집 창문에 '왜' 스테인드글라스가 등장하는지, 〈은교〉에서 은교는 '왜' 열심히 유리창을 닦는지, 〈박쥐〉에서 뱀파이어들은 '왜' 온통 하얗게 집 안을 칠하는지, 〈하녀〉에서 하녀는 '왜' 계단에서 떨어져 죽어 가야 했는지, 〈하울의 움직이는 성〉에서 '왜' 움직이는 고철 더미를 성이라고 부르는지 등을 풀어 가도록 하겠습니다. 이 '왜'를 찾아가다 보면 집의 욕망, 인간의 욕망이 서서히 드러날 것을 기대하면서 말이죠.

CHAPTER

1

창문의 욕망

일탈과 확인의 시선

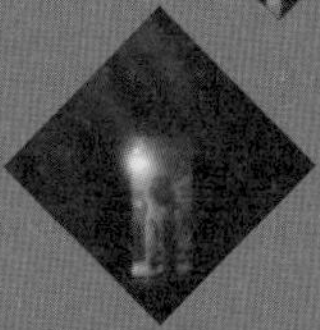

방은 신비롭고 영롱한 빛으로 가득 차 있었다.

…… 또 다른 빛에서 나온 그 빛으로 나는 한층 더 고결해진 느낌이었다.

- 미르체아 엘리아데

저기 저 창문에서 터져 나오는 빛은 무슨 빛일까?

- 윌리엄 셰익스피어, 〈로미오와 줄리엣〉

창 또는 창문은 내부와 외부를 이어 주는 구멍이라는 의미에서 일반적으로 소통을 상징합니다. 또한 밖을 향해 열리고 닫히는 움직임과 사각형이 지니는 대칭성은 합리성, 이성, 지식을 상징하기도 합니다. 흔히 창이 인간의 눈에 비유되는 것은 외부로 접촉되는 인간의 이성적 내면의 통로를 의미하기 때문이고, 이로 인해 영혼·정신을 상징하기도 합니다.

마이크로소프트사가 자사의 컴퓨터 운영시스템을 '윈도'라 이름 붙인 이유는 여러 창을 동시에 띄워서 작업이 가능하다는 '중층적 사각형' 이미지를 연상해서였다고 합니다. 하지만 어쩌면 인간의 지성이 표출되는 공간이 컴퓨터라는 걸 말하려고 했는지도 모릅니다.

창문의 이런 다양한 상징 뒤에는 어김없이 인간의 욕망이 숨어 있습니다. 그리고 이 욕망은 소통이나 표출의 욕망보다 더 뜨겁고, 위험하고, 눈부실 수 있습니다. 갑자기 커튼을 젖혔을 때, 우리의 눈을 찔러 대는 무수한 빛의 비수가 정신을 아득하게 만들어 버릴 만큼이나 말입니다.

일탈의 욕망

2013년 재미있는 제목으로 화제의 베스트셀러에 오른 소설이 있습니다. 스웨덴 작가 요나스 요나손Jonas Jonasson의 장편소설《창문 넘어 도망친 100세 노인》입니다. 100세 생일 파티 때 주인공 알란이 양로원 창문을 넘어 도망치면서 벌어지는 좌충우돌 유쾌한 인생 모험 이야기입니다.

때론 감동을, 때론 웃음을 주는 재미있는 소설임에 틀림없습니다만, 주목해 보고 싶은 것은 제목입니다.

작가는 왜 '창문'을 '넘어'서 '도망친' 노인을 제목으로 삼았을까요?

창문은 본디 사람이 드나들기 위해 만들어진 것이 아닙니다. 집이라는 공간에서 사람이 드나들기 위한 장치는 '문'입니다. 창문은 집을 외부와 격리하는 벽에 뚫린 부분으로, 주로 채광이나 환기 그리고 밖의 동태를 살피기 위해 만든 것입니다. 아주 오랜 옛날 나무나 흙, 돌로 집을 지었을 때는 맹수나 적이 다가오는가를 살피고, 집 안의 연기가 밖으로 나가도록 창문을 만들었습니다. 현대에 와서도 창문의 역할은 달라지지 않았습니다. 밖의 날씨를 살피고, 누가 오는지 보고, 환기를 위해 열기도 하고, 커튼을 젖혀 빛을 들입니다. 그러니 창문을 드나드는 건 공기, 빛 그리고 시선입니다.

그런데 100세 노인 알란은 문이 아니라 창문을 통해 밖으로 나갑니다. 창문으로 드나들어서는 안 될 '인간'이 창문을 나가는 행위는 정상적이라 할 수 없습니다. 그래서 '창문으로 나간'이 아니라 '창문으로 도망친' 노인입니다. 알란은 사람들 몰래, 즉 해서는 안 될 일을 들키지 않으려고 도망치는 도구로 창문을 선택한 셈입니다.

그럼 '넘어'란 말은 왜 들어갔을까요? 그냥 '창문으로 도망친'이면 될 텐데 말입니다.

창문은 일종의 장벽입니다. 문은 비록 문턱이 있다 해도 힘들여 넘을 필요가 없습니다. 창문은 보통 우리 허리 높이 정도에 있으니 다리를 올려 힘들게 넘어야 합니다. 허들을 넘듯이 말입니다. 그러니 만일 창문을 통해 밖으로 나갔다면 장애물을 극복하고 나갔다는 의미가 됩니다.

알란에게 100세 노인을 바라보는 고정관념이란, 자신이 하고 싶은 일을 하지 못하게 하는 장애물입니다. 그는 '100세나 된 노인이니 이럴 것이다 저럴 것이다'라는 사회적 고정 인식을 스스로 극복하고 유쾌한 모험을 위해 세상에 뛰어듭니다.

극복을 표현하는 말이 바로 '넘어'입니다. 알란이 창문을 넘는 순간 자기 앞에 존재하던 모든 고정관념을, 사회적 시선을 극복했다는 것을 작가는 말하고 싶었을 것입니다.

'창문 넘어 도망친 100세 노인'이라는 제목은 창문에 녹아 있는 우리의 욕망을 상징해 줍니다. 창문은 자신의 일상과 현실에서 벗어나려는 일탈의 욕망을 위한 도구입니다. 창문을 통해 우리는 세상 모든 정해진 것으로부터 벗어나려고 합니다. 물론 이를 위해 때로는 로미오와 줄리엣이 창가에서 나누는 사랑처럼 극복을 위한 용기가 필요합니다.

그래서 창문을 넘는 '벗어나기' 즉 '일탈'에는 노력과 극복의 의지가 있어야 합니다. 창문에 발을 올려놓는 순간, 위험을 알리는 빨간 경고등이 들어옵니다. '당신이 앞으로 겪게 될 일을 감당할 수 있겠습니까?'라고요. 이 경고를 두려움이 아니라 '물론! 난 새로운 세상을 꿈꿔 왔고, 지금이 기회니까'라며 기쁜 마음으로 받아들였을 때, 비로소 우리는 창문을 넘어갈 수 있습니다.

영화나 소설·애니메이션 등에 자주 등장하는, 연인을 만나러 창문으로 들어가고, 부모 눈을 피해 창문으로 빠져나오고, 창문을 열어 달라고 돌을 던지는 장면은 정상적인 궤도에서 벗어난 일탈을 욕망하는 표현입니다. 우리는 주인공이 창문을 넘어 빠져나가면 '아, 뭔가 사건이 일어나겠구나'라고 예상합니다. 일탈은 반드시 일상을 벗어난 비일상을 만들어 내고 비일상은 지금까지 없던 사건과 함께 온다는 걸 알고 있기 때문입니다.

일탈의 욕망을 나타내는 창문은 나무창이든, 철창, 유리창이든 소재가 무엇이든 상관없습니다. 문이 아니라 벽에 있는 외부와 연결되는 것이라면 거의 모두 이 일탈 욕망과 연결됩니다. 액션 영화에서 주인공이 탈출 통로로 자주 이용하는 환기구도 창문과 동일한 역할을 하는 장치입니다.

하지만 현대를 살아가는 우리에게 창문은 당연히 유리창입니다. 빛, 공기, 시선의 드나듦이 가장 효율적으로 이루어지기 때문이죠. 그래서 현대를 사는 우리의 집 공간인 창문에 감춰진 욕망을 찾아내기 위해선 먼저 유리와 유리창의 속성을 살펴봐야 합니다.

유리창에
세금을 매겨라!

창문이 가지는 욕망은 유리가 가지는 욕망과 뗄 수 없는 관계입니다. 유리에 대해 품었던 사람들의 욕망은 유리창으로 그대로 전이됩니다.

지금부터 5000여 년 전 메소포타미아와 이집트에서 유리 제조 기법을 발명하기 전까지 유리는 보석의 하나로 천연 상태로만 존재했습니다. 그래서 유리 제조 기법은 극소수의 사람만이 알고 있었고 로마 시대 황제들은 호화로운 유리 제품을 금보다 더 가치 있는 보석으로 간주했습니다.

이런 보석의 지위를 오랫동안 누리던 유리는 13세기 유리 거울의 등장과 함께 일상 용품의 범주 안으로 들어오기 시작합니다. 그리고 14세기 무렵 나무나 철로 된 창문을 대신해서 유리창이 등장합니다. 하지만 당시 유리창은 여전히 고가의 물건이라서 사람들은 애지중지할 수밖에 없었고, 오랜 기간 집을 비울 때는 유리창을 떼어 내서 보관하기도 했습니다.

유리창이 사치품의 반열에서 내려오지 못한 재미있는 일화가 있습니다.

17세기 말 영국의 윌리엄 3세는 프랑스의 루이 14세에 대항하기 위해 군대를 정비하려 했고 이에 따른 막대한 비용이 필요했습니다. 그래서 생각해 낸 것이 바로 창문이 일곱 개 이상 달린 집에 세금을 부과하는 '창문세'라는 전대미문의 세금 정책이었습니다. 여섯 개 이하는 창문세가 면제였죠. 당시 이미 모든 창문은 유리창이었기 때문에 영국은 난리가 납니다. 대부분의 집 창문이 여섯 개를 넘었기 때문이죠.

의회가 거세게 반발했지만 왕의 뜻을 꺾지 못하고 결국 창문세가 부가되었고, 시민들은 여섯 개의 창문만을 남겨 두고 창문이 없는 것처럼 보이기 위해 흙을 바르거나 합판으로 가리거나 아예 창문을 벽돌로 막아 버리기까지 했다고 합니다. 이런 편법이 횡행하자 윌리엄 3세는 벌금을 물리겠다고 했고 이에 반발해 아예 창문이 없는 건물이 지어지는 등 웃지 못할 일들이 155년간 계속되었습니다. 프랑스는 영국과 달리 창문 개수가 아니라 창의 폭에 비례한 세금을 거두었습니다. 그래서 좁고 높은 창을 많이 만드는 낭만적인 건축 양식이 유행했습니다.

이런 정책이 시행된 배경에는 유리에 투영된 인간의 욕망이 있습니다. 보석으로 취급받던 유리는 대중화되고 나서도 고급스러운 물건으로 간주되었습니다. 다른 사람보다 우위에 서고 싶고 고급스런 인간으로 보이고 싶은 욕망으로 유리창이 등장하게 된 거죠. 물론 여기에는 유리창의 효율성도 한몫합니다.

유리가 가지는 우월성과 고급스런 이미지는 현대에도 이어지고 있습니다. 더 고급스럽고 세련된 느낌을 주기 위해 유리로 전체를 덮은 건물이나, 전면 유리창을 세일즈 포인트로 하는 아파트도 있습니다. 에너지의 효율성은 조금 떨어지더라도 멋있게 보인다는 이유로 유리 건물은 여전히 인기가 높습니다.

유리의 미학

유리 하면 떠오르는 신데렐라의 유리 구두를 생각해 봅시다. 신데렐라가 미처 챙기지 못하고 간 유리 구두를 바라보는 왕자의 쿵쾅 쿵쾅 하는 심장 소리. 손에 든 반짝이는 구두를 바라보는 애절한 눈빛. 그 눈

빛은 신데렐라의 눈부신 미모와 작은 충격에도 산산이 부서질 것 같은 연약한 모습을 좇았을 것입니다. 게다가 그 유리 구두가 보기 드물게 작고 귀엽다면 더욱 더 그랬을 겁니다.

'유리'라는 단어를 접했을 때 우리가 가장 먼저 연상하는 것은 '깨지기 쉬움'입니다. 이런 유리 구두를 신고 있었으니, 분명 신데렐라도 작고 연약하며 상처받기 쉬운 아가씨였을 겁니다. 이런 까닭으로 빨간색 유리잔에 금이 가 있는 그림이 '취급주의'를 나타내는 대표적 아이콘으로 자리 잡습니다.

유리는 단단해서 잘 긁히지도 닳지도 않는 장점이 있지만, 잘 깨진다는 치명적 단점도 있습니다. 유리가 잘 깨지는 이유는 표면에 눈에 보이지 않는 흠들이 많기 때문이라고 합니다. 마치 금이 간 그릇이 조금만 부딪혀도 쉽게 깨지는 것과 같은 원리입니다.

언제 깨질지 모르는, 사라질지 모른다는 것은 영원하기 어렵다는 뜻이기도 합니다. 영원하지 않으니 소중합니다. 만일 우리의 인생이 영원하다면 시간이 소중하지 않을 테고, 자연이 영원하다면 자연의 소중함을 느끼지 못할 것입니다.

유리가 지닌 깨지기 쉬운 속성은 신비로운 아름다움을 증폭시키는 역할을 합니다. 소중히 다루지 않으면 사라지거나 없어진다는 건 사람들에게 아름다운 것으로 인식되는 경향이 있기 때문이죠.

유리의 '반짝임'도 '깨지기 쉬움'이라는 속성과 더불어 사람들의 마음을 사로잡는 상징성을 만들어 내는 요소입니다. 신데렐라의 유리 구두에 '반짝이는'이라는 형용사가 따라다니는 이유이기도 합니다.

인류학의 체계를 확립했다고 평가받는 프랑스 인문학자 질베르 뒤랑Gilbert Durand은 《상상계의 인류학적 구조들》에서 반짝임은 아름다움과 더불어 '상승'의 상징성을 지닌다고 말합니다. 그에 따르면 빛나는 것은 권력·지위·힘 등을 지니게 되는 상승 이미지와 연결됩니다. 이런 이유로 왕과 같은 절대 권력자들이 황금을 몸에 두르고 자신의 이미지를 태양과 동일화하려고 했으며, 태양신이 최고의 신으로 숭배받기도 했습니다.

융도 다양한 문화권에서 '태양' 그 자체가 아니라 '떠오르는 아침 해'가 신성한 에너지를 지닌 신적 존재로 받아들여졌다면서, 이는 떠오르는 과정에 있는 태양만이 빛남과 함께 상승의 이미지를 갖고 있기 때문이라고 했습니다. 우리 머리 위에 떠 있는 한낮의 태양은 이미 떠오르는 과정이 끝난 상황이라 신적 존재가 아니라는 것이죠.

뒤랑은 또한 빛과 같이 반짝이는 상징에는 정화의 의미도 있다고 말합니다. 정화는 '초월'의 이미지가 있는데, 태초의 상태인 어둠과 구분하려는 노력에 의해 빛이 요구되듯이, 초월도 무언가 기존의 다른 것들과 구분하려는 노력에 따른 산물이라는 것이죠.

빛나는 물체는 더러운 부분을 잘라 없앰으로써 정화를 완성합니다. 그런 의미에서 신데렐라의 유리 구두는 반짝이면 반짝일수록 신분 상승이라는 의미를 가장 극적으로 표현할 수 있고, 구박받고 힘든 생활이 상징하는 모든 더럽혀짐이 깨끗이 정화되어, 높은 신분으로서 가장 정숙하고 고귀하며 아름다운 여인이 된다는 결말을 미리 보여 주는 상징물이 됩니다.

유리의 미학을 만들어 내는 마지막 속성은 '투명함'입니다. 유리가 투명한 이유는 모든 빛을 투과시키기 때문입니다. 물질은 특정한 영역의 빛을 반사해 특정한 색깔을 보이는데, 유리는 빛을 산란시키는 결정이 없는 비결정질이라 빛을 흡수하거나 반사하지 않은 채 고스란히 통과시키기 때문에 특정 색깔이 없이 투명한 성질을 지닙니다.

유리의 투명함으로 인해 유리 구두는 백옥처럼 깨끗하고 아름다운 신데렐라의 발을 은근한 자태로 드러내 보이고, 백설 공주는 유리관에 누워 자신을 구원해 줄 왕자에게 아름다운 모습을 보여 줄 수 있습니다.

이런 점에서 유리는 이쪽과 저쪽을 구별하면서도 서로 보이게끔 해서 부분적 소통의 역할을 합니다. 건축에서 이런 역할을 하는 것은 유리창 이외에는 없습니다. 벽은 완벽하게 외부와 단절합니다. 문은 열려 있을 때는 완벽한 소통을 의미하지만, 닫혀 있을 때는 완벽한 단절을 의미합니다. 하지만 유리창은 닫혀 있어도 빛과 시선을 통해 외부와 내부의 소통을 가능하게 합니다. 이런 단절과 소통이라는, 얼핏 보면 양립할 수 없는 개념이 양립할 수 있게 하는 것이 바로 유리창인 셈입니다.

확인의 욕망

유리의 미학이 깨지기 쉽고, 반짝이며, 투명한 속성에서 비롯한다면 유리창의 욕망도 이와 관련이 있습니다.

우선 우리가 유리창에 투영하는 욕망은 투명함이 내세우는 시선의 자유로움입니다. 내부에서 외부를 보는 시선은 원래 건축 의도이기 때문에 특별히 욕망이라 다룰 것은 없습니다. 유리창의 욕망은 외부에서 내부를 들여다볼 수 있다는 특징에서 비롯합니다.

우리는 외부와 단절하기 위해서 집을 짓습니다. 적, 맹수, 춥고 더움, 비바람과 같은 외부 대상은 생존에 위협이 됩니다. 이런 대상에서 비교적 자유로운 현대에도 심리·경제·사회적 안전을 위해 집이 필요합니다.

따라서 우리는 외부의 시선이 단절을 목적으로 하는 벽을 통과해서 내부로 향하는 것에 대해 거부감을 느낍니다. 창문이 비록 부분적 소통을 의미한다고 해도 어디까지나 내부에서 외부로의 소통을 기본으로 합니다.

하지만 인간에게는 호기심이 있습니다. 자신이 아닌 다른 사람, 다른 가족, 다른 집, 다른 세계에 대해 알고 싶어 합니다. 호기심은 지식을 낳고 사회를 발전시키지만, 때론 잘못된 방향으로 흐르기도 합니다. 호기심이 있는 인간은 다른 집의 유리창을 들여다보려고 합니다. 다른 집에 대한 궁금함이 생길 때 가장 쉽게 궁금증을 해소할 수 있는 방법이 '들여다보기'입니다.

그래서 들여다보기 욕망의 목적은 '확인'입니다. 유리관에 놓인 백설공주를 들여다본 왕자는 백설 공주의 아름다움을 확인하고 공주를 자신이 데려가겠다고 합니다. 보석 진열대에 놓인 반지, 백화점 쇼윈도의 제품을 확인해 보고 우리는 구매를 결정합니다. 실연한 남자는 대중가요 가사처럼 불 꺼진 창으로 그녀의 부재를 확인하고, 도둑은 유리창 너머로 몰래 안을 확인하고 실행에 옮깁니다. 아무도 없는 교실이나 사무실을 찾을 때도 문을 열어 확인하기 전에 유리창 너머로 보는 습관이 우리에겐 있습니다.

확인은 우리가 아주 오랜 옛날부터 예상하지 못한 상황을 피하기 위해 한 기본 행위입니다. '돌다리도 두드리고 건넌다'라는 속담처럼, 우리는 갑작스런 돌발 상황에 직면하는 것 자체가 불쾌한 감정을 유발하고 신체적 또는 경제적 손실로 이어진다는 것을 경험으로 알고 있습니다. 그래서 그다지 궁금하지 않더라도 무의식적으로 확인하는 행위를 하게 됩니다.

만일 유리창이 없다면 우리는 다른 방식으로 확인을 하겠죠. 문이나 벽에 귀를 대고 주의를 집중하거나, 문으로 드나드는 사람을 관찰하거나, 열쇠 구멍으로 들여다보거나 했을 겁니다. 하지만 이 모든 방법은 유리창으로 들여다보기만큼 효율적이지 않습니다.

들여다보기 욕망은 궁금증을 확인하거나 건축술이 발전해 유리창이 등장하면서 점차 증폭되어 갑니다. 지나가다 예쁜 카페나 집이 있으면 일단 유리창부터 들여다보듯이, 여기저기 존재하는 유리창은 들여다보기 욕망의 씨앗에 물을 부어 쑥쑥 자라게 합니다. 마치 '거기 산이 있어 오른다'라는 말처럼, 유리창이 없으면 궁금증도 생기지 않고 그냥 지나쳤을 것을 '유리창이 있으니 들여다보는' 셈이 됩니다.

그래서 우리는 자동차 유리에 짙게 선팅을 하고, 명절 때 집을 비우게 되면 창마다 커튼이나 블라인드로 밖으로부터의 시선을 차단합니다. 누구도 들여다보는 시선에서 자유롭지 못하고, 자신도 들여다보기 욕망을 갖고 있다는 걸 알기 때문이죠.

하지만 들여다보기 욕망이 더 큰 힘을 발휘할 때는 들여다보기가 자신의 내면을 향할 때입니다. 앞서 우리가 타인과 타인의 집을 들여다보는 것은 혹시 그곳에 자신이 욕망하고 있는 것이 있는지를 확인하고 싶기 때문입니다. 자신의 욕망을 외부에서 확인하고 비로소 '나도 저렇게 되고 싶던 거야'라고 인생의 방향을 정하고 싶은 거죠.

이는 분석심리학자 자크 라캉Jacques Lacan이 '나의 욕망은 타인을 보고 발견하는 욕망'이라며 거울상이라는 개념과 연결시킨 까닭이기도 합니다. 거울을 보고서야 제대로 된 내 얼굴을 확인하는 것처럼, 거울이 없으면 우리는 자신의 모습을 마주할 수 없습니다. 라캉은 자신이 어떤 욕망을 갖고 있는지 확인하기 위해 다른 사람은 무엇을 욕망하는지 살피고, 확인한 결과 '나도 저런 욕망이 있어'라고 인식해 자신을 규정한다고 보았습니다. 우리는 스스로의 욕망을 확인하기 위해 타인을 들여다보지 않으면 안 되는 존재인 셈입니다.

안데르센의 〈성냥팔이 소녀〉는 다른 집 유리창을 들여다보면서 자신의 욕망을 확인하는 좋은 예입니다.

> 유난히 밝은 창문으로 다가간 성냥팔이 소녀는 따뜻한 집안에서 부모님과 함께 있는 여자아이를 보고 너무 부러웠어요.

"저 애는 정말 좋겠다."

따뜻한 집에서 가족과 함께 행복하게 보내는 모습. 그것이 바로 소녀의 욕망입니다. 동화에서 소녀는 다른 집 유리창을 들여다봄으로써 자신의 욕망을 확인합니다. 들여다보기는 없던 욕망을 만들어 내는 것이 아니라, 단지 확인하고 느끼게 해 주죠. 소녀는 욕망을 구현하기 위해 성냥을 켜서 환상을 보고, 결국은 하늘나라로 가게 됩니다. 욕망을 확인하고 행동으로 옮기는 과정입니다.

영화 〈은교〉는 성냥팔이 소녀의 들여다보고 확인하는 욕망을 상징적으로 보여 줍니다. 다만 이때 들여다보는 시선은 외부자가 아닙니다. 그 시선은 바로 집에 사는 사람, 바로 그 자신입니다. 집이 거주자의 마음과 욕망의 투영체라면, 자신의 집을 들여다보는 행위는 자신의 마음과 욕망을 확인하는 것과 다름없습니다. 자신을 객관화시켜 마음을 들여다보고 욕망을 발견했을 때 우리는 그것을 어떻게 받아들일까요?

영화 〈은교〉는 집, 유리창 그리고 시선을 통해 이 의문에 답을 합니다.

이적요의 집은 시인의 마음

박범신의 원작 소설을 영화화한 〈은교〉에선 무엇보다도 집 전체가 상징성으로 가득 차 있습니다. 먼지 쌓인 거실 전면 유리창, 담장의 사다리, 사다리를 타고 집 안을 훔쳐보는 창문, 시인이 몸을 누인 벽장 등등이 그렇습니다. 70대 시인인 이적요(박해일 분)의 집은 완벽한 심리적 상징의 집합체이며, 욕망의 저장고입니다.

이적요는 제자 서지우(김무열 분)를 통해 세상과 소통할 뿐, 집에서 은둔하다 싶은 생활을 합니다. 그런 어느 날 한쪽 담벼락에 걸쳐진 사다리를 통해 우연히 정원으로 들어온 여고생 한은교(김고은 분)를 만나게 되고, 시인은 그녀와 같이 시간을 보내면서 남성으로서의 욕망에 눈뜹니다.

시인의 집은 시인의 닫혀 있는 마음처럼 외부와의 소통에는 관심이 없습니다. 집은 다른 이웃과는 상당히 떨어져 있는 것으로 설정되어 있습니다. 비탈길을 한참 올라 있는 집은 육중한 철 대문으로 외부인의 진입을 막아섭니다.

이적요의 자동차도 첫 장면 이외에는 이동 수단이라는 역할을 망각하고 그냥 서 있을 뿐입니다. 영화 속에서 자동차는 서지우를 죽음으로 이끄는 역할을 합니다. 자동차 또한 소통과 이동의 도구가 아니라 단절과 죽음의 도구입니다.

집 정원은 어수선하고 제멋대로 자라난 잡초와 나무로 가득합니다. 사람 손이 닿은 흔적도 없고 아름다움을 뽐내는 화초도 찾기 어렵습니다. 마치 제멋대로 무성한 숲을 보는 느낌입니다.

집 안은 서지우가 정리정돈을 잘해 놓은 느낌이지만 따뜻함은 느껴지지 않습니다. 무색무취한 공간처럼 보입니다. 영화 오프닝에서 전기밥솥에 남은 밥을 퍼 담는 시인의 모습은 이미 집이 그에게 평온을 주는 안식처가 아니라 그저 삶을 영위하기 위한 생활적 의미밖에 없다는 느낌을 줍니다.

감독은 오프닝에서 집의 구석구석을 카메라에 담습니다. 메말라 가고 정체되어 있고 무기력하고 음습한 집. '이것이 이적요의 마음입니다'라고 친절히 설명하듯이 말입니다.

집은 이적요의 비어 있는 마음과 욕망을 그대로 보여 주는 거울입니다. 은교가 나타나기 전까지 집 안 모든 것은 집이라는 거울에 시인의 마음을 충실하게 비춰 줍니다. 외부에서는 자신을 성공한 시인이라고 치켜세우지만, 시인의 마음은 이미 사그라지는 촛불처럼 운명의 시간을 그저 흘러가는 대로 버려두고 있습니다. 삶과 창작의 열정에 대한 욕망도 꺼져 가는 불씨마냥 숨을 헐떡일 뿐입니다.

이때 담장에 걸쳐 둔 사다리는 그가 기대하고 있는 마지막 희망입니다. 그는 완벽히 단절된 갑옷 같은 집에 작은 빛이 찾아와 껍질을 깨고 나갈 수 있게 도와달라고 간절하게 바랍니다. 우연을 가장해서라도 말이죠. 그리고 그 우연을 제공하는 도구가 바로 사다리입니다. 담장이 외부와 집을 격리하는 건축물이라는 전제를 무시하면서까지 그는 원합니다. 그러자 그 희망의 통로를 따라 은교가 욕망의 불씨를 다시 살리려 등장합니다.

그러므로 담장 사다리는 지금 이 상황과 생활 그리고 자신을 바꾸고 싶다는 그의 욕망을 대변해 줍니다. 처음 사다리를 타고 몰래 들어와 의자에서

담장에 걸쳐진 사다리

우거진 숲 같은 마당 한구석에서 외부와의 통로 역할을 한다.

잠든 은교의 모습을 보았을 때, 시인은 자신의 구세주가 강림한 듯한 놀람과 기쁨을 느꼈을 것입니다. 자신의 바람이 이루어진 것에 대한 감사입니다.*

자 그럼, 이제 시인의 집이 그의 마음의 투영체라는 것을 이해했다면 앞에서 말한 들여다보기의 욕망을 떠올리면서 창문 이야기로 되돌아가 보도록 합시다.

욕망을 들여다보는 유리창

극의 초반, 이적요는 은교에게 일주일에 한 번씩 집 청소와 정리를 부탁합니다. 은교는 유독 먼지가 뽀얗게 앉은 거실 유리창 닦는 걸 좋아합니다. 그리고 몸에 딱 붙는 교복을 입고 꽃발을 해가면서 유리창 꼭대기까지 정성 들여 닦는 은교의 모습을 훔쳐보면서 시인은 그녀의 젊음과

* 원작 소설에서는 담장 일부분이 무너져 내려 사람이 넘어올 수 있는 상황으로 설정되어 있다. 시인은 이 담장을 수리하지 않은 채 내버려 둔다. 소설은 변화에 대한 이적요의 욕망을 수동적 욕망으로 표현한다. 내가 적극적으로 원하는 것이 아니라, 그렇게 된다면 할 수 없이 욕망을 받아들이겠다는 자세다. 하지만 영화에서 정지우 감독은 적극적 욕망으로 치환한다. 사다리는 시인이 일부러 갖다 놓지 않으면 안 되는 도구다. 나는 적극적으로 변화를 소망한다는 의미를 지닌다. 이 차이는 영화가 소설에 비해 지나치게 욕망을 부각시켜 보여 준다는 비판을 받는 이유가 된다. 영화에서는 이적요를 적극적 욕망 구현자로, 소설에서는 소극적이며 잠재적인 욕망 억제자로 그린다.

거실 유리창을 닦는 은교의 뒷모습
유리창을 닦는 장면에서 성의 욕망도 본격적으로 드러난다.

여성성에 매료됩니다.

이 거실 유리창 닦기는 비록 2분여의 짧은 시간이지만 영화 속에서 가장 중요한 장면이기도 합니다. 유리창이 이적요의 마음과 욕망을 들여다볼 수 있는 핵심 장치이기 때문입니다.

은교가 오기 전, 먼지 쌓인 창문은 먼지 쌓인 이적요의 마음이자 두텁게 감춰진 욕망입니다. 시인은 새로운 글을 쓰려고 하지만 좀처럼 마음에 드는 글을 떠올리지 못합니다. 그 스스로가 글을 쓰게 등을 떠미는 욕망을 찾을 수 없기 때문입니다. 아니 정확히 말하면 자신의 마음속에 그런 욕망이 보이지 않기 때문입니다. 욕망을 닫고 살아온 너무 오랜 시간이 그렇게 만들었습니다.

이 때문에 은교가 자신 앞에 다가왔다고 해도 여전히 마음을 둘러싼 두터운 먼지 때문에 어떤 욕망이 구체적으로 자신의 마음속에 자리하고 있는지 보이지 않습니다. 또 그렇다고 그 먼지를 스스로 닦아 내려고 하지도 않았습니다. 왜냐하면 먼지를 닦아 내고 드러난 욕망 때문에 자신이 생각해도 추한 놈일까 봐 두려웠고, 자기 손으로 그런 욕망과 마주하는 상황을 만드는 것에 용기가 나지 않았기 때문입니다.

그래서 항상 누군가가 자신을 대신해 먼지를 닦고 욕망을 바라보게 해 주길 원했습니다. 제자 서지우는 집안 정리는 잘하면서도 유리창은 닦지 않습니다. 다시 말해 서지우는 시인이 자신의 욕망을 마주하게 해 주는 손길이 되어 주지 못한, 성공적이지 못한 바람일 뿐입니다.

따라서 은교가 거실 유리창에 집착하는 이유 그리고 감독이 그 장면에 집착하는 이유는 같다고 할 수 있습니다. 거실 유리창이 닦여지면서 비로소 시인은 자기 마음을 '들여다볼' 수 있게 되고, 욕망을 '확인'할 수 있게 됩니다. 그 욕망은 젊음과 여성에 대한 욕망이었고, 극 중에서 시인이 단편소설 〈은교〉를 집필하게끔 하는 욕망이기도 합니다.*

두려운 욕망 확인

시인이 창문을 통해 자신의 욕망을 확인하는 장면은 극 중에서 한 번 더 등장합니다. 서지우가 은교와 육체관계를 맺는 부분입니다.

서지우가 시인 몰래 단편소설 〈은교〉의 원고를 문학잡지에 자기 이름으로 발표하고 이를 두고 두 사람이 말다툼을 하는 장면을 우연히 보게 된 은교는 시인의 집에 발을 끊게 됩니다. 찾아오지 않는 은교를 그리워하며

* 물론 이런 콘텐츠 해석은 다른 관점에서도 충분히 가능하다. 예를 들어 〈은교〉의 안은미 프로듀서는 한 인터뷰에서 "정지우 감독은 유리창을 통해 은교가 지금까지 접하지 않은 세계와 소통하는 수단으로 표현하려 했다. 영화를 보면 이적요와 은교가 유리창을 사이에 두고 나오는 장면이 많다. 서로가 넘지 못하는 경계를 유리창으로 의미를 부여했고 은교가 그 유리창을 닦으면서 이적요의 세계로 넘어가는 소통을 보여 주는 설정입니다"라고 말했다. 또한 같은 인터뷰 기사에서는 유리창을 닦는 행위를 은교가 시인의 늙음을 닦아 주는 행위, 또는 육신을 닦아주는 우회적 행위라고 해석했다.

거실 유리창을 소매로 닦는 이적요
은교의 발길이 끊어지자 스스로 더러워진 유리창을 닦는다.

시인은 다시 더러워진 창문을 바라보다가 소매로 쓱쓱 닦기 시작합니다. 그러자 은교의 환상이 나타납니다.

한 번 자신의 욕망에 눈 뜬 시인은 이제 그 욕망을 스스로 확인하게 됩니다. 하지만 확인은 아주 소극적입니다. 걸레를 들고 열심히 닦는 것이 아니라 소매 부리로 살짝 유리창을 문지르는 정도입니다. 마치 욕망을 확인하고 싶지만, 확인된 욕망이 이제부터 자신에게 파멸의 드라마를 가져올 것을 예견하는 듯한 표정입니다.

시인은 다시 닫히기 시작하는, 다시 먼지가 끼기 시작하는 욕망을 되살리고 싶습니다. 그리고 기회가 찾아옵니다.

한동안 시인의 집에 오지 않던 은교가 시인의 생일 파티에 초대되어 찾아옵니다. 세 사람만의 생일 파티가 끝난 뒤 시인은 잠을 청하러 들어가고, 은교와 서지우는 시인의 서재로 향합니다. 뭔가 이상함을 느낀 시인은 두 사람이 무엇을 하는지 보기 위해 밖으로 나갑니다. 그리고 가져온 사다리를 타고 올라가 창문 너머 두 사람이 서로의 몸을 탐하는 장면을 목격합니다.

여기서 눈여겨볼 점은 '왜 이 목격이 사다리를 타고 올라 들여다보는 행위를 통해 완성되었는가?'입니다.

글만 읽고 쓰는, 육체적으로 쇠약한 70대 노인이 사다리를 들고 와 힘들게 올라 고개를 내밀어 창을 들여다보는 동작은 왠지 캐릭터 설정과 맞지 않는 위화감을 줍니다. 게다가 거실의 유리창이나 서재 책상 뒤의 유리창처럼 큰 창도 많은데, 이 창문은 작습니다.

여기에 다시 들여다보기를 통한 확인의 욕망이 모습을 보입니다. 은교와의 육체관계는 시인의 욕망이기도 합니다. 단편소설 〈은교〉에서 시인은 은교와의 육체관계를 묘사한 것으로 나옵니다. 하지만 시인은 어디까지나 자신의 환상 속에서 벌어지는 아름다움과 순수함의 교합이라고 믿습니다. 그런데 서지우와 은교는 그런 시인의 환상적 욕망 충족을 비웃고, 사실 당신도 이것을 원하지 않았냐는 듯 관계를 갖습니다. 그리고 그들이 관계를 갖는 것이 하필이면 시인의 집입니다.

앞서 시인의 집은 시인의 마음과 욕망의 투영이라고 했습니다. 그러면 시인의 마음속에서 시인은 서지우가 되어 은교와 육체관계를 맺는 셈입니다.

그는 젊은 두 사람의 관계를 목격하는 순간, 자신이 환상으로 꿈꾸던 아름다움과 순수함의 교합이 사실 육체적 탐닉을 감추기 위한 위장이라는 것을 '확인'합니다. 그리고 자기 욕망에 환멸을 느끼고 스스로를 벌하기로 합니다. 물론 욕망의 대리인이던 서지우에게도 벌을 내립니다.

사다리를 올라 확인한다는, 다소 위화감을 느끼게 하는 장면은 파멸로 치닫는 극과 관련이 있습니다. 밖에서 안을 들여다보는 행위, 즉 자신의 욕망을 확인하는 행위가 아무런 장애도 없고 의지를 나타내지 않는다면 의미가 없습니다. 그저 아래로 내려가는 계단에서 고개를 쑥 내밀어 목격한다면 '창문을 넘어서'가 주는 '일탈, 들여다보기, 극복'이라는 상징성을 뛰어넘는 의미를 전달하기 힘듭니다. 그래서 위태로운 사다리로 올라간 것입니다.

시인이 자신에게 가한 벌은 단절을 통해 외롭게 스러져 가는 자기 모습을 그저 바라보는 일입니다. 이전에는 담장의 사다리라는 희망이 있지만 그것마저도 단념합니다. 마지막으로 시인의 집을 찾아온 은교가 처음으로 사다리가 아닌 철 대문으로 들어오는 것도 이제 시인에게 아무것도 남지 않았다는 의미입니다.

시인은 완전한 단절을 위해 단 하나뿐인 소통의 끈이던 서지우마저도 죽임이라는 수단으로 배제시킵니다.

영화 마지막 부분에서 은교는 오랜만에 시인의 집을 찾습니다. 다시 찾은 집 거실 유리창은 예전처럼 먼지가 쌓여 안이 보이지 않을 정도입니다. 집 안은 전보다 더 어지럽고 더럽고 음침해 사람이 살지 않는 집처럼 보입니다. 이제 완전히 닫힌 마음과 욕망을 시인 스스로도 들여다보거나 확인할 일이 없다는 듯이 말입니다.

빛의 세례,
정화의 욕망

들여다보기와 함께 유리창에 투영되는 또 다른 욕망은 '정화淨化'입니다.

정화의 욕망은 유리창의 세 가지 속성을 모두 반영합니다. 깨지기 쉬운 소중함, 반짝이는 초월성 그리고 투명한 순결함.

속세를 살아가는 우리는 자신의 마음과 몸이 켜켜이 쌓인 현실의 때에

찌들어 있다고 느낍니다. 힐링이나 마음의 치유, 평안이 시대의 키워드가 되는 것은 일상 현실에서 우리가 접하는 우울과 불안의 수준이 위협적이라는 의미입니다. 그래서 정화되고자 하는 욕망을 느낍니다.

정화는 이전의 나와 다른 내가 되고자 하는 점에서 일탈과 비슷하지만 방향성은 다릅니다. 일탈은 사회적으로 바람직하지 않다고 생각되거나 사회 구성원 대다수가 선택하지 않는 방향으로 나아가는 것입니다. 정화는 이와 반대로 사회적 또는 종교적으로 바람직하다고 인정되는 방향으로의 변화를 의미합니다.

누구나 마음속에 숨어 잔뜩 웅크리고 있는 야수의 욕망, 배덕자背德者의 욕망, 이기주의자의 욕망 등을 씻어 내고 평화롭고 자유로운 자신으로 돌아가고 싶은 욕망을 갖고 있습니다. 야수 · 배덕자 · 이기주의자는 사회화된 인간의 입장에서는 '좋지 못한 존재'이기 때문에 자신을 그런 존재로 규정하고 싶지 않기 때문이죠.

유리창이 정화의 욕망을 실현시켜 줄 수 있는 것은 '빛'의 힘입니다. 유리는 빛을 받아 반짝이며 빛을 투과시키는 투명함을 갖고 있습니다. 우리가 실내에서 조명 없이 밝은 빛을 볼 수 있는 건 유리창 덕입니다.

빛은 어둠을 쫓아냅니다. 어둠은 모든 타락 · 악 · 더러움 · 좋지 못함을 상징합니다. 따라서 어둠을 쫓아내는 빛은 선 · 도덕 · 아름다움 · 성스러움을 상징합니다. 그래서 모든 종교에서 빛은 신성시됩니다.

기독교에서는 〈창세기〉 1장 3절의 '빛이 있으라 하시매 빛이 있었고'를 통해 혼돈과 어둠에 질서를 부여하는 힘이 빛에서 나오며, 빛을 관장하는 이가 신이라고 말합니다. 〈요한복음〉에는 '그리스도는 세상의 빛이라'라는 구절이 있고, '빛은 사람의 눈을 뜨게 하고'라는 구절도 성경에 있습니다.

불교에서 빛은 진리, 해방, 직접적 지知를 상징하고 깨달음을 얻은 부처와 제약으로부터의 초월을 상징합니다. 상징물을 거부하는 이슬람교에서도 별과 초승달만은 의미를 지니는데 '진리의 빛'을 상징하기 때문입니다. 고대 이란의 종교인 조로아스터교는 선과 악의 대립 투쟁을 이야기하면서, 궁극적으로 빛과 선의 신이 승리하며 인간이 빛의 편에 서서 싸우면 천국에 태어난다고 믿었습니다. 기독교의 십자가나 불교의 卍자도 빛이 사방으로 흩어지는 '방사성'의 이미지며 '태양'을 상징한다는 해석도 있습니다.

종교적 의미가 아니라 실생활에서도 빛은 우리를 새롭게 해 줍니다. 우리가 우울하고 불안하고 나쁜 생각을 가질 것 같을 때, 햇살을 받기 위해 커튼을 활짝 젖히거나, 빛이 잘 들어오는 양지바른 곳이나 자연이 넓게 펼쳐진 곳으로 떠나고 싶어지는 것도 이런 빛의 치유와 정화의 효과를 알고 있기 때문입니다.

물론 향기나 음식 또는 후각 · 미각 · 촉각 등을 통해서도 힐링과 정화가 가능하겠지만, 빛을 지각하는 시각이 주는 절대적 영향력은 따라갈 수 없습니다. 우리 몸으로 지각하는 감각 중 70~80퍼센트가 시각에 의한 것이고, 빛의 감각기관인 눈을 감아도 빛은 눈꺼풀을 통과해서 지각된다는 사실은 우리가 외부 정보를 수용하고 세상을 해석하는 데 빛의 힘이 강한 영향을 미친다는 것을 말해 줍니다.

따라서 다른 어떤 도구, 즉 물이나 불 · 향으로 정화 의식을 치르는 것보다, 빛으로 정화 의식을 치르는 세례가 강력합니다.

현대사회에서 유리창은 빛을 집 안으로 받아들이는, 일반적이자 유일한 도구라 할 수 있습니다. 만일 아파트에 유리창이 없으면 우리는 실내조명에 의존할 수밖에 없겠죠.

따라서 빛이 주는 힐링과 정화의 효과를 위해서 우리는 가능한 한 큰 유리창, 많은 유리창을 선호합니다. 비싼 아파트나 사무실일수록 볕이 잘 드는 전면 유리를 세일즈 포인트로 내세우고, 사람들이 남향집을 고르는 이유이기도 합니다. 빛은 일상에 지친 나를 새롭게 하고, 어두운 내면을 정화하는 가장 친근한 세례 도구이기 때문입니다.

순이의 집은
성스러운 빛

'빛을 통한 정화'를 가장 잘 보여 주는 영화가 〈늑대소년〉입니다. 그리고 〈은교〉에서 이적요의 집과 마찬가지로, 이 영화에서도 주인공 순이의 집이 핵심적 상징 장치로 활용됩니다.

영화는 오프닝 초반부터 과도한 빛의 잔치를 벌입니다. 큰딸 순이의 요양차 한적한 시골로 이사를 오는 순이(박보영 분) 가족. 하얀 블라우스, 앞

늑대소년에게 노래를 들려주는 순이
거실 창문을 통해 들어온 뒤의 빛이 마치 후광처럼 보인다.

치마, 줄에 걸린 빨래까지 하얀 것은 마치 발광체인 양 빛날 정도로 햇살을 반사합니다. 노을을 부각시키거나, 여러 작은 실내조명을 사용하기도 합니다. 하지만 무엇보다 눈에 들어오는 것은 창문으로 들어오는 햇살입니다. 이를 위해 거실에는 과하다 싶을 정도로 커다란 창문이, 부엌과 이층 복도 등에도 과도하게 많은 창문이 있습니다. 이 창문들을 통해 감독이 노리는 것은 외부에서 유리창을 지나 내부로 들어오는, 확산되는 빛의 효과입니다. 그래서 대낮의 순이 집은 햇살의 천국입니다.

영화 속에서 순이의 집이 빛의 집합소라면 늑대소년(송중기 분)이 지내는 헛간은 어둠의 집합소입니다. 창이 없어 빛은 들어오지 않습니다.

이런 공간의 이분법은 빛으로 이루어집니다. 빛이 있는 곳과 없는 곳 그리고 빛의 있고 없음을 가르는 것은 창문의 존재 여부입니다.

창이 있다는 걸 지나치게 강조하는 집. 순이의 집은 모든 어둠을 빛으로 인도할 수 있는 힘을 지닌 것처럼 보입니다. 이 집에 발을 들인 늑대소년은 점점 늑대라는 어둠의 발톱을 거두고 인간의 마음을 받아들입니다.

이 과정이 가장 극적으로 드러나는 장면이 바로 순이가 늑대소년에게 기타 반주에 맞춰 노래를 들려주는 장면입니다. 그리고 이 장면에서 빛은 마치 순이를 모든 이에게 축복을 내리는 성모마리아처럼 보이게 만들어 줍니다. 창문의 햇살은 후광이 됩니다.

순이의 노력에 힘입어 인간다워지는 늑대소년은 순이에게 다가가려고 노력합니다. 하지만 오해 때문에 늑대소년은 순이와 헤어지고 둘은 각자의

헛간에서의 재회
푸르름과 빛으로 가득한 헛간은 이미 정화된 공간임을 말해 준다.

삶을 살아가다 오랜 세월이 흘러 할머니가 된 순이와 늑대소년은 재회하게 됩니다. 두 사람은 헛간에서 다시 만나지만 이제 그곳은 더 이상 어둠의 공간이 아니라 환한 빛의 공간으로 바뀌어 있습니다.

헛간이 빛의 공간으로 바뀐 것은 이제 더 이상 늑대소년이 정화의 대상이 아님을 말해 줍니다. 그의 집(헛간)은 이제 가장 순수하고 깨끗한 빛으로 가득한 시공간입니다.

욕망을 차단하는 스테인드글라스

정화의 빛 이외에도 좀처럼 드러나지 않는 창문과 욕망의 관계가 〈늑대소년〉에는 숨어 있습니다.

순이의 집에 있는 거의 모든 창문에는 색유리, 즉 스테인드글라스 장식이 되어 있습니다. 현관문에 있는 창, 거실 대형 유리창의 윗부분 그리고 2층 복도 창, 모두 다섯 곳에 스테인드글라스 장식이 있습니다. 물론 유심히 보지 않으면 발견하기는 어렵습니다.

일반 가정집에서는 스테인드글라스를 잘 사용하지 않습니다. 사용하더라도 현관문 장식 정도에만 사용합니다. 우리가 스테인드글라스를 쉽게 접할 수 있는 곳은 교회입니다. 기독교에서는 스테인드글라스를 영적 고양을 만들어 내는 공간 장치로 활용했습니다. 주로 글을 읽지 못한 민중을 교화

서울 명동성당의
스테인드글라스

작은 지방 교회의
소박한 스테인드글라스

하기 위해 성경 내용을 그림으로 표현한 스테인드글라스는 그 빛과 색으로 신의 말씀을 전하는 느낌을 주었습니다.

하지만 스테인드글라스에 단지 무지갯빛을 공간에 뿌려 아름다움과 신비로움을 부각시키려는 의도만 있지 않습니다. 더 중요한 의도가 있습니다. 바로 유리가 지니는 투명함을 없애는 것입니다.

유리창의 욕망인 들여다보기는 유리의 투명함으로 가능합니다. 하지만 들여다보기는 대개 결코 좋은 방향의 욕망이 아닙니다. 내가 가지지 못한 것을 다른 사람은 가졌는지, 더 좋은 세상이 그곳에 존재하는지, 아니면 내가 좋아하는 사람이 혹시 딴짓을 하지 않는지, 그런 것이 궁금해서 '들여다보게' 됩니다. 만일 떳떳하고 당당하다면 문을 열고 마주 보면 될 텐데 그렇지 못한 것이죠.

종교에서는 이런 들여다보기가 허용되지 않습니다. 기독교에서 교회는 하나님의 집입니다. 하나님의 집을 인간이 들여다보는 행위는 생각할 수 없는 일입니다. 게다가 하나님은 들여다보기를 하지 않아도 인간의 마음 정도는 다 읽을 수 있으니 교회에 굳이 투명한 유리창을 만들지 않아도 됩니다.

들여다보기가 힘든 스테인드글라스는 안에 있는 사람들, 즉 신자들이 밖을 보지 못하게 만듭니다. 스테인드글라스는 시선의 드나듦을 거부합니다. 교회 안은 하나님의 세상이고 교회 밖은 현실입니다. 창이 있는데도 시선을 차단한다는 것은 두 세계가 단절됨을 의미합니다.

백화점, 카지노, 디즈니랜드 등도 교회처럼 가능한 한 외부와의 시선

단절을 목적으로 공간을 구축합니다. 백화점과 카지노는 기본적으로 창문이 없는 구조입니다. 디즈니랜드는 주변에 높은 담·언덕·나무 등으로 밖을 보지 못하게 되어 있습니다. 디즈니랜드의 설계자는 외부와의 철저한 단절을 통해 판타지를 맛보는데 몰입하도록 이렇게 설계했다고 합니다. 현실을 잊고 환상을 즐기라는 뜻이죠.

스테인드글라스의 마력은 빛을 통과시켜 색을 만들어 내면서도 시선은 차단한다는 점입니다. 종교학자 미르체아 엘리아데Mircea Eliade는 《성과 속》에서 세계의 공간을 성스러운 곳과 세속적인 곳으로 나누는 장치가 문지방이나 굴뚝처럼 곳곳에 존재한다고 보았습니다. 따라서 '현실을 안 보이게 하는 차단성과 정화의 집인 교회임을 강조하는 빛을 위한 장치'인 스테인드글라스야말로 최고의 장치라 할 수 있습니다. 그래서 늑대소년은 바로 교회와도 같은 순이 집에서 정화라는 욕망을 충족할 수 있었죠.

현실을 잊고 다른 경험에 빠지고 싶은 욕망, 그 욕망을 충족시키기 위해 우리는 창문이 지닌 정화의 욕망을 이용하고 있는지도 모릅니다.

창문,
세상을 보는
프레임

창문의 욕망인 일탈, 들여다보기와 정화는 모두 프레임(틀)

때문에 발생합니다. 프레임은 우리가 세상을 바라보고 이해하는 틀을 말합니다. 세상의 관점인 셈입니다.

일탈은 이 틀을 깨고 새로운 틀을 탐구하는 자유의 욕망입니다. 들여다보기는 자신의 프레임만을 갖고 다른 사람을 보려는 욕망입니다. 정화는 부정적 프레임을 버리고 사회적으로 인정받는 프레임을 받아들이려는 욕망입니다.

창문은 프레임을 갖고 있습니다. 유리창이라면 당연히 나무나 철·알루미늄 등으로 된 프레임이 있어야 유리를 끼워 넣을 수 있고, 유리창이 아닌 그저 벽에 뚫려 있는 구멍을 창문이라고 하면 그 자체가 프레임이 됩니다.

우리는 창문 밖을 바라볼 때, 창문에서 보이는 범위 이외에는 볼 수 없습니다. 창문은 시야를 제한합니다. 그래서 넓은 바깥을 보고 싶으면 창문을 열고 얼굴을 내밀어야 합니다. 영화나 애니메이션에서 진정한 자유를 느끼고 싶을 때 창문을 열고 상반신을 내민 주인공이 기분 좋은 얼굴을 하는 이유입니다. 창문을 열고 시야를 넓히고 게다가 몸까지 프레임을 벗어나는 것은 제한으로부터 해방을 의미합니다.

1990년 개봉한 로맨틱코미디의 대작 〈귀여운 여인〉은 매력적 자산가 에드워드(리처드 기어 분)가 콜걸 비비안(줄리아 로버츠 분)에게 사랑을 고백하는 것으로 끝을 맺습니다. 이때 에드워드는 비비안의 창가로 가서 소리를 질러 비비안을 부릅니다. 비비안은 창문을 열고 몸을 내밀어 에드워드를 확인하고, 에드워드는 비상계단으로 올라와 창문을 넘어 나온 비비안과 뜨

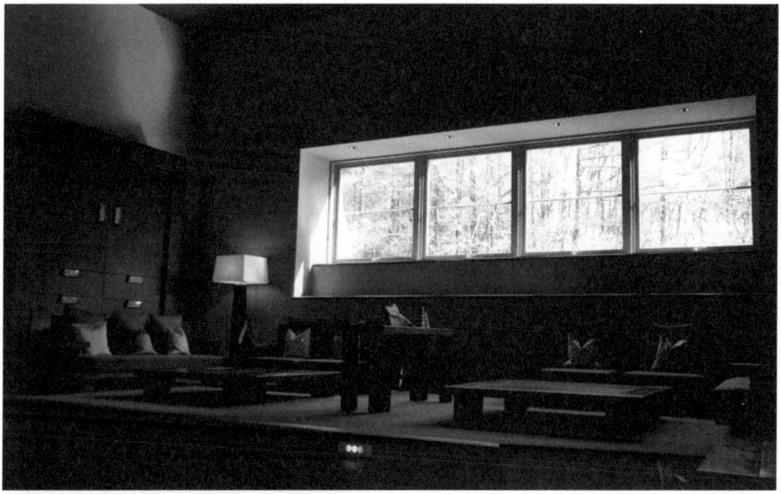

창문은 시야를 제한하면서도 새로운 틀을
만들어 준다.

겁게 포옹을 합니다.

창문을 바라보며 남자가 자신의 감정을 고백하고, 이에 여성이 대응하는 구도는 '로미오와 줄리엣' 이후 애타는 사랑의 대표 장면이 되었는데, 이 창문은 자신을 구속하고 제한하는 모든 틀을 벗어나고 싶은 연인의 마음을 대변합니다.

하지만 이런 장면이 우리에게 강한 인상을 남기는 것은, 우리가 일상적으로는 프레임을 뛰어넘는 행위나 사고를 해서는 안 되기 때문입니다. 생각과 행동을 제한하는 프레임을 갖고 있고, 또 이 프레임을 사회 구성원이 공유하고 있기 때문에 질서가 유지되고 사회가 존속할 수 있습니다. 이 사회적 프레임은 규범 · 규율 · 관습 · 법률 · 문화 등 다양한 이름으로 우리 주위에 포진하고 있습니다.

그리고 프레임이 없다면 우리는 세상에 단 하나밖에 없는 자신을 만들어 낼 수 없습니다. 프레임은 '나는 이런 사람이다'는 정체성을 구성하는 데 아주 중요합니다. 주관적 의지와 행동이 없다면 우리는 그저 세류에 휩쓸려 흘러가는 모래알 같은 존재가 될 뿐이죠. 모든 면에서 객관적 행동과 생각만을 고집하는 사람은 자신만의 프레임을 갖지 못하고 사회의 프레임을 빌려서 살아가는 사람입니다.

그래서 우리는 모두 내면에 창문을 만들어 세상을 볼 뿐 아니라, 자신을 보기도 합니다. 때론 그 창문의 제한된 시야 때문에 진정한 자신을 바라보기가 어렵기도 하고, 창문을 닫고 세상을 보려 하지 않고, 자신만의 창문을

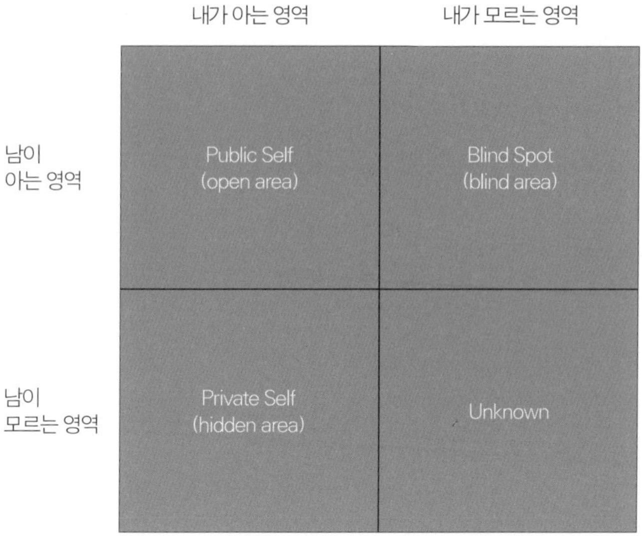

조해리의 창 Johari's window

고집해 다른 사람과 문제를 일으키기도 하지만, 그래도 창문은 필요합니다.

심리학에는 '조해리의 창Johari's window'이라는 용어가 있습니다. 조지프와 해리라는 두 심리학자는 인간이 사회적 관계 속에서 정체성을 형성할 때, 자기 안에는 네 가지 다른 자신이 있다고 말합니다. 남도 알고 나도 알고 있는 나, 나만 알고 있거나 다른 사람만이 알고 있는 나, 나도 다른 사람도 모르는 숨겨진 나입니다. 이 정체성의 창에서도 스스로 창을 닫으면 아무도 볼 수 없고, 창을 활짝 열어 두면 모두 알 수 있죠.

이들이 '창'이라고 이름 붙인 이유는 영역을 구분하는 창의 프레임처럼 생겼기도 하지만, 각 영역이 결국은 '세상과 자신을 바라보면서 보여 주는 프레임'을 의미하기 때문입니다.

생각하는 틀을 의미하는 '관점'의 의미에서 다시 프레임이 주목받는 시대가 되었습니다. 고정된 자기 자신에 얽매이지 말고 새롭고 창의적인 눈을 가지라고 요구하는 시대입니다. 그래서 여행을 가고, 책을 읽고, 강연도 듣습니다.

하지만 우리는 여전히 창 너머 보이는 새로운 풍경에 매료되어, 그 창에는 관심이 없습니다. 프레임을 찾아 떠났으면서 어느새 프레임은 잊고, 프레임 너머의 그 무엇만 열심히 바라봅니다.

시인 고은은 〈창의 서정〉에서 이렇게 노래했습니다.

아무리 늦어도

늦어서 와도

불 밝힌 창이 있네.

내가 그 창을 바라보기 전에

이미 그 창이 나를 바라보고 있네.

불 밝힌 창이여

나의 이전이여

이제 창을 열어라

나의 암흑으로.

그의 노래처럼 창은 우리가 존재하기 전부터 있었습니다. 우리는 그 창을 통해 자신을 바라봅니다. 하지만 다가가서 그 창을 열어야 우리는 비로소 어둠에 감춰진 자신을 볼 수 있습니다.

창은 시선이기도 타인이기도 사회이기도 합니다. 그리고 창이 바라보는 것은 외부이기도 내면이기도 합니다. 그래서 우리는 묻습니다.

당신은, 또 나는, 오늘 어떤 창과 마주하고 있습니까?

칼럼 1 : 집은 패션이다

공간을 심리학 측면에서 연구한 몰Abraham A. Moles과 로머Élisabeth Rohmer는 《공간의 심리학》에서 집을 포함한 공간을 한마디로 이렇게 표현했습니다.

> 인류학적으로 인간은 공간을 자신이 누구인가를 증명하는 장소로 이용한다.

그들이 말하고자 하는 공간은 그 공간에 거주하거나 이용하는 사람들이 자신의 정체성을 투영하는 대상입니다. 그래서 인간은 자기 정체성을 확인받고자 그 정체성에 대응하는 공간을 만듭니다.

'나는 누구인가?'에 대한 통합적 의식을 뜻하는 정체성은, 심리학에서는 아이덴티티identity, 자기 정체성 또는 자아 정체성으로 부릅니다. 정체성은 '나'와 '나 이외 외부의 것'을 항상 비교, 대조하면서 인간이 자신이 누구인가를 파악하는 과정에서 확립됩니다. 심리학자 에릭슨Erick Erickson은 열두 살부터 스무 살까지를 정체성 형성에 가장 중요한 시기라고 보고, 이 시기에 적절한 정체성을 구축하고 사회적 역할에 대응할 수 있는 태세를 갖춰 놓아야 한다고 보았습니다. 이후 정체성은 심리학, 사회학 등의 학문에서 중요한 개념이 되었습니다.

정체성에는, 예를 들어 '대한민국 서울에 사는, 40대의, 두 아이를 둔, 뮤지컬을 좋아하고, 친구가 많고, 여러 모임에 참여하는 가정주부'와 같이 자신의 생활 지역 · 직업 · 성별 · 기호 · 취미 등이 포함됩니다. 그리고 우리는 이런 자기 정체성을 다른 사람에게 노출시켜서 자신을 이해하도록 하면서, 자신이 사회에 존재하고 있다는 사실을 알립니다. 정체성을 '자기 존재의 증명'이라고 부르는 것이 이런 측면을 이야기합니다.

사람은 '나는 이런 사람이다'는 것을 외부에 알리기 위해 많은 도구를 사용합니다. 가장 자주 사용하는 도구가 옷입니다. 옷은 남성인지 여성인지, 어떤 성격인지, 사회적 그리고 경제적 지위는 어떻게 되는지, 기호는 어떤지를 다른 사람에게 보여 주는 아주 좋은 수단입니다. 가방 · 시계 · 구두를 비롯해 모든 패션 용품도 옷과 같은 기능을 합니다. 자동차도 자기표현 도구가 됩니다. 경차를 타는 사람, 최고급 수입차를 타는 사람 그리고 스포츠카를 타는 사람을 보면 우리는 그들이 어떤 사람이라고 외치는지 짐작할 수 있습니다. 프랑스의 사회학자 장 보드리야르Jean Baudrillard는 《소비의 사회》에서 사물이 자신의 존재 또는 자신이 생각하는 가치를 표현하는 것을 '기호의 소비'라는 단어로 표현했습니다. 우리가 구매하는 상품은 이제 기능성보다는 그 물건이 나와 다른 사회 구성원에게 어떻게 인식되는지의 여부에 따라 가치가 결정된다는 것입니다. 핸드폰을 하나 사더라도 통화 품질은 좋은지, 메시지는 잘 전달되는지 등 기능도 중요하지만, 핸드폰이 자신의 스타일에 어울리는지, 사람들은 이 핸드폰을 들고 다니는 나를 어떻게 생각할지 등 핸드폰이 사람들에게 나를 알리는 도구로 인식된다는 말입니다.

그럼 집은 어떨까요? 사실 집은 인간이 구매하는 상품으로는 가장 큰 단위의 상품입니다. 그리고 집을 구매했다고 해서, 그냥 시멘트와 철골로 된 집에 들어가 사는 것은 아닙니다. 우리는 집 안팎을 꾸밉니다. 어떤 집을 선택하느냐에 자신의 성격 · 사회경제적 위치 · 가족 구성 등이 반영되는 것은 물론이고, 집 안팎을 꾸미는 것은 그야말로 자신의 스타일을 보여 주는 행위라 할 수 있습니다. 그리고 자신의 방을 꾸밀 때, 우리는 자기를 어떻게 하면 공간으로 완전히 표현할 수 있는지 고민하면서 시간을 보냅니다. 그러므로 집은 개인이 자신을 표현하는, 자기 정체성을 나타내는 가장 규모가 큰 공간 사물이라 하겠습니다.

CHAPTER

2

통로의 욕망

탐닉과 멈춤의 경고

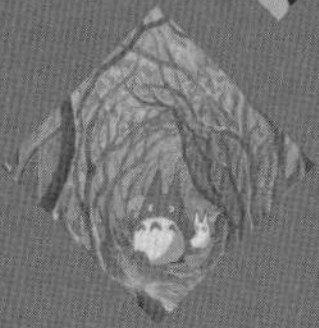

진정한 삶은 언제나 여기 아닌 저 너머에 있었다.

- 아르튀르 랭보

건축적인 면에서 보자면 집 만들기는 우선 벽을 세워 올리는 일부터 시작합니다. 벽을 세우면 거실 · 부엌 · 침실 등으로 내부 공간을 분할합니다. 그리고 분할한 작은 공간들을 서로 연결하기 위해 통로를 만듭니다.

만일 아파트처럼 공동주택이 아니고 정원이나 마당이 있는 단독주택이라면 통로는 대문을 통과해 현관에 들어서는 곳도 포함됩니다. 통로는 담장을 통과해 건축물인 집에 다다르기까지의 길입니다. 만일 그 집이 대부호의 저택이라면 이 통로에는 다리나 터널도 있을 수 있습니다. 물론 차를 타고 통과해야겠죠.

집에는 숨겨진 통로도 있습니다. 배트맨의 지하 기지를 떠올려 보세요. 배트맨은 비밀 통로를 거쳐 지하 기지로 가서 옷을 갈아입은 다음, 배트카를 타고 낮은 시내를 건너 동굴을 통과해 밖으로 나갑니다.

이렇게 보면 처음부터 통로는 집 안의 나뉜 부분들을 이어 주는 역할을 하는 것처럼 보입니다. 하지만 뒤집어 바라보면 통로는 구분하는 역할도 합니다. 만일 여러분의 방 맞은편에 화장실이 있다면 통로는 방과 화장실을 가르는 역할을 합니다. 거실에서 가장 멀리 떨어진 곳에 아이 공부방이 있다면 통로는 두 방을 갈라 줍니다. 배트맨의 지하 기지와 바깥세상을 가르는 것도 통로입니다.

가장 극적인 통로는 교실이나 영화관처럼 사람이 많이 모이는 곳에 존재합니다. 의자들이 줄을 맞춰 놓여 있는 사이에 통로가 만들어집니다. 이곳을 통해 사람들은 각 줄에 있는 의자에 앉습니다. 그래서 뒤에서 보면

저편으로 가는 통로는 구분과 연결의 역할을 한다.

통로가 있고 줄이 있고 다시 통로가 있습니다. 통로가 줄을 나누고 있습니다.

이렇게 집이나 건축물에서 두 얼굴을 지닌 야누스 같은 통로의 역할 때문에 우리는 통로에 욕망을 투영합니다. 지나가는 연결성을 살려 이 구분의 경계를 넘어갈 것이냐 말 것이냐의 선택 앞에서 말입니다.

자기 정체성의 변화를

이끄는

욕망의 추구

우리 안에는 많은 욕망이 자리 잡고 있습니다. 하지만 현실에서 모든 욕망이 다 이루어질 수는 없습니다. 욕망은 때론 너무 거칠고 난폭해서, 다른 사람뿐 아니라 본인에게도 많은 상처를 주거나, 심지어 파멸로까지 이끌기 때문입니다. 그래서 우리는 욕망을 튼튼한 상자 속에 잘 담아서 아무에게도 들키지 않는 곳에 감추거나, 손이 닿을 수 없는 곳에 멀리 던져 버립니다. 심지어 자신도 욕망의 존재를 발견할 수 없고, 인식할 수 없습니다. 뉴스에서 가끔 "저도 제가 그럴 줄 몰랐습니다. 지금 생각해 보면 제가 뭐에 홀렸던 것 같습니다"라고 마치 자신이 처음부터 그럴 의도가, 아니 그럴 욕망이 없었다고 믿는 듯한 인터뷰를 볼 때가 있습니다. 그럴 때 '정말 그랬을까?'라고 의심하게 되는 것은, 어쩌면 나와는 상관없이 저편 멀리 어던가에 있다고 생각한 욕망이 혹시 여전히 내 마음에 있지 않을까 하고 느꼈기 때문인지도 모릅니다.

만일 자기와는 상관없다고, 또는 나와는 어울리지 않는다고 생각한 욕망이 저편에 있고, 그것을 손에 넣지 않으면 자아가 사라져 버릴 것 같은 공포심에 시달린다면 인간은 어떤 행동을 할까요? 아니면 어떤 거부할 수 없는 유혹 때문에 저편에 있던 욕망을 향해 가고 싶어지면 어떻게 해야 할까요? 우리는 배를 타거나 다리를 건너 강 건너편의 욕망을 향해 가거나, 그 욕망이 산 넘어 있다면 산을 넘어가야 합니다. 욕망을 충족시키기 위해서 말입니다.

하지만 우리가 욕망을 손에 넣었을 때, 지금까지 자신이 유지해 오던 '자기'라는 관념을 그대로 지속할 수 있을까요? 다시 말해 성스러운 성직자라는 정체성을 지니고 있던 사람이 만일 자기와 상관없는 욕망이라고 생각한 '성욕'의 유혹을 참지 못하고 그 욕망을 채웠다면 과연 그 사람은 이전의 숭고하던 성직자라는 정체성을 그대로 유지할 수 있을까요? 자본주의에 반대하면서 공산주의적 사상에 투철한 혁명가가 어느 날 돈이 지니는 권력을 맛보게 된다면 과연 그는 투철한 공산주의적 혁명가라는 정체성을 유지할 수 있을까요?

답은 당연히 '아니요'입니다. 스스로 자기 정체성과 맞지 않는다고 억압하거나, 또는 인정하려 들지 않던 욕망에 대한 갈증을 해소하는 순간 우리는 전혀 다른 사람이 될 수밖에 없습니다. 마치 다른 사람으로 다시 태어나는 것처럼 말입니다. 예전의 나는 죽고, 다른 새로운 나로 태어납니다. 내면적으로는 가장 급격한 변화라고 할 수 있습니다. 물론 외면적으로도 서서히 변화가 일어날 것입니다.

영화나 소설 · 만화 · 애니메이션처럼 이야기를 다루는 콘텐츠의 캐릭터가 자신에게 숨겨진 욕망을 충족시키는 과정에서 새로운 성격의 캐릭터로 바뀔 때, 콘텐츠를 만드는 이들은 어떤 식으로든 극적으로 표현하는 장치를 삽입하고 싶어집니다.

'통로의 욕망' 편에서는 캐릭터와 상관이 없어 보이던 욕망의 저편으로 건너가면서 캐릭터의 정체성이 변화되어 가는 과정이 어떻게 집이라는 공간에서 표현되는지 살펴보려고 합니다.

자신이 지금껏 인식하지 못하던 욕망의 저편으로 넘어갈 것이냐 아니냐를 다른 용어로 표현하면 '욕망에 대한 해소와 억압'이라 할 수 있습니다. 여기서 동물로서 인간이 지닌 원초적 욕망에 대한 사회적 금지가 얼굴을 내밉니다. 금지의 힘이 약해지면 욕망의 해소로 이어지고, 여전히 금지의 힘이 강하면 욕망의 억압이 유지됩니다.

'19금'의 유혹

중 · 고등학교 시절, '19세 이상 관람가'라고 붙은 영화를 보면 왠지 설레던 시절. 그리고 기를 쓰고 한번 보고 말겠다고 했던 기억. 혹시 이런 적 없으신가요?

부모는 아이에게 '이거 하지 마라, 저거 하지 마라'라는 말을 자주 합니다. 왜 그럴까요? 아무 말도 하지 않으면 아이는 하지 말라는 행동을 하고 싶어 하기 때문입니다. 다시 말하면 하지 말라고 금지하는 행위가 사실 아이들이 너무나 하고 싶어 하는 행위입니다. 물론 하고 싶어 하는 욕망이 크면 클수록 금지도 엄격해집니다. 그런데 아이들은 못 하게 하는 행동일수록 기를 쓰고 하려고 듭니다. 이 때문에 엄마, 아빠는 애를 먹곤 합니다.

똑같은 문제가 사실은 사회에도 적용됩니다. 사회 구성원에게 적용되는 금지, 다시 말해 법률 · 규칙이나 규약 · 금기taboo와 같은 사회적 제도도 사실은 사회 구성원에게 어떤 특정 행위를 하지 못하도록 하는 역할을 한다는 의미에서는 부모의 잔소리와 마찬가지입니다.

학문적으로는 약간 어렵게 표현해서, 자연 상태의 인간이 갖고 있는 욕구를 표출할 경우 사회질서를 파괴할 우려가 있는 행위의 금지를 말하지만, 결국은 사람들 마음속에 어떤 욕망이나 욕구가 있다는 것을 인정하고, 이를 막으려는 것입니다. 자기의 이익을 위해, 또는 쾌락을 위해 다른 사람을 죽이거나 속이는 행위는 물론, 근친상간에서부터 쓰레기 투기에 이르기까지 사회에는 많은 '금지'가 존재합니다. 하지만 이런 금지 행위는 오랜 처벌의 역사에도 불구하고 지금까지 끊이지 않고 매일 TV와 신문의 뉴스를 채우고 있습니다.

금지와 욕망은 동전의 양면과 같습니다. 한쪽 면에 욕망이 있으면 다른 면에는 반드시 그 욕망에 대한 금지가 있습니다. 그러므로 금지는 다른 말로 욕망을 표현합니다. 살인에 대한 금지는 결국은 살인의 욕망을 표현하는 또 다른 말일 뿐입니다. 그러니 한쪽이 강하다는 것은 다른 한쪽의 에너지도 그만큼 크다는 것을 의미합니다.

작가 양귀자가 1992년에 쓴 소설로, 지금은 고인이 된 배우 최진실이 주연을 맡아 1994년에 영화화된 〈나는 소망한다 내게 금지된 것을〉은 앞에서 이야기한 것을 한 줄로 표현한 제목입니다. 이 제목은 마치 금지가 먼저 존재하고 그 뒤에 욕망이 발생하는 것처럼 보이지만, 사실은 없던 욕망이 새로 발생한 것이 아니라 이제야 인식하는 것을 표현한 말입니다.

예를 들어 지금도 논쟁이 되고 있는 것 중에 광고의 사회적 역할이 있습니다. 광고가 '사람들에게 무엇이 자신에게 필요한지를 알려 주는 역할을 한다'는 긍정론과 '사람들에게 그 전에는 없던 소비 욕구를 부추겨 불필요한 낭비를 유도한다'는 부정론의 싸움입니다. 현재진행형인 이 논쟁에서 정답이 나올 여지는 별로 없어 보입니다만, 인간의 욕구는 때로는 자신이 인식하지 못하고 있다가, 누군가가 이를 환기시켜 주거나 금지하게 되면 비로소 '아 그래 내가 이런 욕구가 있었지'라고 느끼는 경우가 있다는 것은 사실입니다. 오래전에 미국 신문 만화에서 본, TV만 보고 있는 아이한테 엄마가 "왜 TV만 보니. 하고 싶은 걸 하란 말이야"라고 말하자 아이가 "TV를 봐야 내가 뭘 하고 싶은지 알 수 있단 말이야"라고 말하는 장면과 같습니다.

심리학에서는 금지된 것에 대한 욕구, 즉 하지 말라고 하면 더 하고 싶어지는 현상을 '칼리굴라 효과Caligula effect'라고 합니다. 칼리굴라는 폭군으로 유명한 로마 황제입니다. 그는 즉위 초기에는 시민을 위한 정책을 펼치면서 추앙받았지만, 얼마 후부터 화려한 만찬 등을 위한 재정 파탄과 근친상간, 신격화 등의 비정상적 행동으로 폭군의 이름을 얻게 되고, 결국 근위대장에게 암살당하게 됩니다. 칼리굴라 효과라는 이름은, 1980년 틴토 브라스 감독의 영화 〈칼리굴라〉가 지나치게 선정적이고 과격하다는 이유로 미국 개봉 당시 일부 지역에서 상영 금지 판정을 받으면서 화제가 되었고, 상영 금지 지역 사람들이 다른 지역으로까지 가서 영화를 본 것이 계기가 되어 붙여졌습니다. 이 금지에 대한 욕망은 '로미오와 줄리엣 효과'라고도 하는데, 해서는 안 되는 사랑이 더욱 매혹적이라는 이유에서입니다.

변화를 불러오는

금지의 욕망

금지에 대한 욕망을 실제로 해소하게 되면, 이로 인해 엄청난 변화가 찾아옵니다. 지금까지의 상황이 변할 수도 있고, 전혀 다른 사람으로 탈바꿈하기도 합니다. 그렇기 때문에 예전부터 신화와 전설 · 민담 · 동화 등에서 즐겨 사용한 소재이기도 합니다. 캐릭터의 성격이나 지위를 극적으로 변화시키거나, 이야기의 흐름을 전환하거나, 상황의 변화를 이끌 때 강한 이미지를 줄 수 있기 때문입니다.

기독교 성경에는 선악과에 대한 금지와 욕망이 나옵니다. 선악과는 먹어서는 안 되지만, 이브와 아담은 뱀의 유혹에 넘어가 선악과를 입에 대고 맙니다. 하나님은 아담에게는 먹고 살기 위해 일을 해야 하고, 이브에게는 아기를 낳는 고통을 벌로 내리고 에덴동산에서 추방합니다. 하지만 이런 상황 변화보다는 아담과 이브의 내면 변화가 사실 더 중요합니다. 둘은 선악과를 먹고 부끄러움을 알게 되어 벌거벗은 몸을 가리고 사물의 분별력을 얻게 됩니다. 내 · 외부적으로 이브와 아담이 큰 변화를 겪게 되는 셈이죠.

그리스 · 로마 신화에 '에로스와 프시케' 이야기가 있습니다. 동화 〈미녀와 야수〉의 원전이라 할 수 있습니다. 뛰어난 자태에도 결혼을 못 해 아폴론의 신탁을 따르기로 한 프시케는 괴물의 집에서 함께 살게 됩니다. 그런데 가족이 보고 싶어 불러온 언니들에게 행복하게 살고 있다고 이야기하자 언니들은 이를 질투해서 절대로 얼굴을 봐서는 안 된다는 말을 어기라고 부추깁니다. 프시케가 밤에, 잠든 괴물인 에로스의 얼굴을 등잔불로 비춰보는 바람에 에로스는 그녀에게서 떠나갑니다. '의심이 있는 곳에 사랑은 있을 수 없다'라는 말을 남기고. 그녀는 에로스가 떠난 다음에야 비로소 괴물로 생각한 에로스를 진심으로 사랑하고 있다는 사실을 깨닫고 에로스의 어머니 아프로디테에게 가서 간청합니다. 아프로디테의 어려운 숙제를 힘들게 풀어낸 프시케는 결국 에로스와 다시 만납니다. 여기에서도 프시케는 금지를 어기고 욕망을 채움으로써 결과적으로 이전과는 전혀 다른 사람으로 변화하게 됩니다.

그리스 · 로마 신화에는 이 이외에도 판도라가 열어서는 안 되는 상자를 열거나, 오르페우스가 죽은 부인을 저승에서 데리고 나오면서 뒤돌아 얼굴을 보면 안 된다는 주의를 어기고 저승을 빠져나오기 직전 부인의 얼굴을 보고 만다든지, 이카로스가 너무 높이 오르면 안 된다는 아버지 다이달로스의 주의를 어기고 태양 가까이까지 날아오르다 깃털을 붙인 초가 녹으면서 떨어져 죽는다든지 하는 금지에 대한 욕망 이야기가 아주 많습니다.

이와 비슷한 동화가 〈빨간 두건〉입니다. 빨간 두건은 숲 속에 사는 할머니에게 포도주와 빵을 가져다 드리는 심부름을 하게 됩니다. 엄마는 다른 곳에 한눈을 팔지 말고 곧장 할머니에게 가라고 당부합니다. 즉 금지 명령을 내립니다. 하지만 빨간 두건은 늑대의 꼬임에 넘어가고 결국은 할머니와 자신도 잡아먹히게 됩니다.

백설 공주는 금지를 세 번이나 스스로 어긴다는 점에서 최고의 욕망지상주의자인지 모릅니다. 《그림동화》에서 백설 공주는 사냥꾼이 살려 준 덕에 숲 속 일곱 난쟁이의 집으로 도망쳐 살게 됩니다. 난쟁이들은 백설 공주에게 낯선 사람에게는 절대 문을 열어 주지 말라는 금지의 명령을 내립니다. 하지만 백설 공주는 계모인 왕비가 건네는, 허리를 조여 주는 레이스끈, 머리빗 그리고 사과라는 세 유혹물에 차례차례 넘어가 매번 죽을 고비를 맞이합니다. 예뻐지고 싶은 욕망이 너무 큰 탓이었을까요? '절대로 문을 열어 주지 마라'라는 금지 명령을 어긴 덕분에 백설 공주는 자신이 원하지 않는 죽음을 맞이하고 말지만, 죽었기 때문에 마지막엔 왕자와의 결혼을 손에 넣을 수 있었습니다.

신데렐라는 밤 열두 시까지는 돌아와야 한다, 다시 말해 열두 시를 넘어서는 안 된다는 금지의 철칙을 어기는 바람에 유리 구두 한 짝을 놓고 오게 되고, 이로 인해 꿈에도 생각 못 한, 왕자와 결혼까지 할 수 있게 되니 이보다 더한 정체성의 변화를 찾기도 힘듭니다.

이렇듯 금지에 대한 욕망 이야기에는 뭔가 공통점이 있습니다.

우선 금지를 어기게 되는 계기가 주어진다는 점입니다. 판도라는 궁금증, 오르페우스는 사랑, 이카로스는 자만이 금지를 어기도록 내부에서 부추깁니다. 백설 공주에게는 왕비, 이브에게는 뱀, 프시케에게는 언니, 빨간 두건에게는 늑대처럼 금지를 어기게끔 부추기는 외부의 누군가가 존재하기도 합니다.

사실 일단 자신과 상관없는 저편으로 보내 놓았다고 생각하는 욕망이 환기되는 것은 외부 유혹이 있을 때 더 쉽게 이루어집니다. 영화 〈박쥐〉에서 뱀파이어가 된 상현의 존재가 태주에게는 그런 유혹이 되었을 것입니다.

'박쥐'와 'Thirst'

영화 〈박쥐〉 속 집에 투영된 욕망을 살펴보기 전에 먼저 잠시 제목 이야기를 하겠습니다. 영화가 시작될 때 한글 제목과 영어 제목이 같이 스크린에 비추어집니다. 우리나라 영화에서 한글 제목 '박쥐'와 영어 제목 'Thirst'가 같이 나오는 일은 흔치 않습니다. 당초 영화 기획 단계에서의 제목은 '뱀파이어'로, 주역 캐릭터들의 정체성을 표현하는 단어였습니다. 물론 영어 제목 'Vampire'는 약간 촌스럽고 진부한 느낌이 들기 때문에 이를 사용하지 않을 것 같긴 하지만, 박쥐와는 조금 동떨어져 보이는 '갈증, 목마름'을 의미하는 'Thirst'로 최종 결정한 것은 박찬욱 감독 나름대로 의미가 있는 듯합니다.

인터넷에서 검색해 보니 몇 사람이 왜 이런 영어 제목이 되었는지 궁금해 하고, 이에 대해 '뱀파이어의 피에 대한 목마름'을 연상시키는 제목이라는 답변이 있었습니다. 하지만 금지에 대한 욕망으로 이야기를 풀어보자면 박찬욱 감독의 복수 3연작인 〈올드보이〉, 〈복수는 나의 것〉, 〈친절한 금자씨〉와 같은 주제를 담고 있다고 할 수 있습니다. 다시 말해 '복수의 욕망이라는 갈증,' 더 나아가 '새로운 나로 변화하고자 하는 갈증'을 표현한 단어라 할 수 있습니다.

영화에서 뱀파이어가 된 상현(송강호 분)은 될 수 있으면 인간의 피를 먹으려 하지 않습니다. 그가 성직자이며, 원해서 뱀파이어가 된 것이 아니라는 이유도 있습니다만, 인간의 피를 마신다는 행위가 사회적으로 금기시되기 때문입니다. '인간'이라는 정체성을 갖고 있는 한, 이는 스스로 용납할 수 없는 행위입니다. 만일 아무런 죄의식 없이 피를 마시게 되면 스스로 인간이기를 포기하고 '뱀파이어라는 괴물의 정체성'을 인정하는 것이기 때문입니다.

자기 정체성에 대해 고뇌하는 상현의 반대편에 있는 인물이 태주(김옥빈 분)입니다. 태주는 스스로 뱀파이어가 되는 선택을 합니다. '인간이라는 정체성'을 버리고 다른 존재로 변화하기를 '갈망'했기 때문입니다. 태주가 이런 선택을 한 것은, 이전까지의 자신을 부정하고 새로운 자신을 갈망했기 때문입니다. 그리고 자신을 부정하기 위해서는 자신을 옭아매고 있던 모든 것을 해체하고 재구성해야 했습니다. 이를 위해 남편을 죽이고 시어머니를 불구로 만든 다음, 집 공간을 재배치하는 작업을 하게 됩니다.

이렇게 본다면 영어 제목 'Thirst'는 상현의 갈증이 아니라, 태주의 자기 변화에 대한 갈증을 표현하는 단어라고 볼 수 있습니다. 한글 제목 '박쥐'는 태주의 변화된 정체성이고, 이를 이끌게 한 힘이 바로 변화된 새로운 자신에 대한 '갈증'이 아니었을까요? 그녀에게 단순히 피, 살인, 복수에 대한 욕망의 갈증보다 좀 더 절박하던 것은 새로운 자신의 등장이었을 것입니다.

태주의 집은
태주의 마음

박찬욱 감독은 누구보다도 영화 속에서 상징을 잘 다루는 감독이라 할 수 있습니다. 그가 연출한 영화 〈올드보이〉나 〈친절한 금자씨〉에서도 상징으로 표현되는 요소가 많이 등장합니다.

특히 친절한 〈친절한 금자씨〉의 경우, 빨간색 화장 · 빨간 하이힐 · 하얀 두부 · 눈송이 · 케이크 등과 같은 색을 이용한 상징은 물론이거니와, 등장하는 각각의 사물이 전체 이야기나 '금자(이영애 분)'의 심리 상황을 암시하는 상징 역할을 훌륭하게 수행하고 있습니다. 그리고 이런 상징들은 서로 연결되어 영화의 완성도를 높였습니다.

예를 들면 가장 대비되는 색으로 등장하는 빨강과 하양. 빨간색은 강렬한 유혹을 표현하는 동시에, 생生과 사死를 함께 표현하기도 합니다. 빨간색은 복수를 하고자 하는 욕망에 대한 유혹 그리고 이전 금자의 죽음과 새로운 금자의 탄생을 상징합니다. 또한 표면적으로는 '백 선생(최민식 분)'의 죽음을 의미하기도 합니다. 이에 반해 흰색은 순수성을 표현합니다. 출옥하는 날, 하얀 두부를 거부하는 금자는 이미 순수한 마음을 스스로 버리는 의지를 보여 줍니다. 마지막 장면에서 하얀 옷을 입은 아이를 끌어안고 하얀 눈이 내리는 가로등 아래에 있는 장면은, 복수가 끝나고 이제는 금자가 순수성을 회복해야 할 시간이라는 것을 알려 줍니다. 그리고 하얀 옷의 아이를 안음으로써 금자가 이런 상황을 받아들인다는 것을 암시합니다. 물론 이 밖에도 두부 · 케이크 등은 부서지기 쉬운 물리적 특성을, 하이힐은 여성의 정체성을 상징합니다.*

2009년 작품인 〈박쥐〉에도 전작들과 마찬가지로 상징이 풍부하게 녹

* 하이힐에 대한 분석은 전작 《여자가 모르는 여자의 마음-목소리, 사과, 유리구두》를 참조.

아들어 있습니다. 다만 기존 영화들이 소품과 색을 중심으로 한 상징을 보여 주었다면, 박쥐에서는 본격적으로 공간 자체가 지니는 상징성을 전면에 내세우고 있다는 점이 특이합니다. 물론 〈올드보이〉에서도 오대수(최민식 분)가 갇혀 있던 방과 이우진(유지태 분)의 멋진 방은 캐릭터의 정체성을 일부 투영하지만 이는 일반적 수준에 머무는 정도입니다. 이에 비해 박쥐는 공간만으로 각 등장인물의 정체성 혼란과 변화를 살펴볼 수 있다는 점에서 주목할 만한 영화라 할 수 있습니다.

박쥐에 등장하는 중심 캐릭터를 뱀파이어가 된 신부인 상현이라고 생각하기 쉽지만, 우리가 살펴보고 있는 욕망 공간이라는 의미에서는 집이 인물의 정체성을 말해 주고 있는 캐릭터는 상현이 아니라, 상현에 의해 뱀파이어가 되는 태주입니다. 왜냐하면 영화는 대부분의 시간을 태주의 집을 무대로 전개되며, 상현은 어디까지나 태주의 공간에 유입되어 사건을 이끌어 가는 역할을 하기 때문이죠.

태주는 어렸을 때 한복집에 세 들어 살다 도망간 부부의 아이로, 한복집 주인 '라 여사(김해숙 분)'가 거두어 기르면서 자신의 병들고 무능력한 아들과 결혼을 시켰다는 설정으로 되어 있습니다. 그래서인지 히스테릭한 시어머니 라 여사는 태주를 마치 하녀처럼, 아니 그 이하의 존재처럼 대하며 심하게 부려 먹습니다. 극 중에서 상현의 친구인 남편은 태주를 부인으로서 정상적으로 대하지 않으며, 라 여사도 또한 며느리로 대하지 않습니다. 이런 비정상적 상황에서 태주는 모든 욕망을 억제하면서 살며, 그녀에게는 어떤 쾌락도 제시되지 못합니다. 태주는 그저 목숨을 이어 가는 존재일 뿐이죠.

집의 공간 구조가 갖는 의미

태주가 살고 있는 생활공간인 라 여사의 집은 앞으로 설명할 가장 핵심적 두 공간, 식당과 거실이 복도로 연결되어 양쪽에 배치되어 있는 공간 구조를 갖고 있습니다. 이 공간 배치는 나름대로 큰 의미를 지니고 있기 때문에 눈여겨볼 필요가 있습니다.

영화에서 전반부에 가장 많이 나오는 곳은 식당 겸 부엌(이하 식당으로 통일)입니다. 영화 속 식당은 마치 1970, 1980년대를 연상시키는 공간으로 그려집니다. 바닥과 천장 등의 마감재는 격자무늬 나무입니다. 싱크대 위에는 순간온수기가 있고, 냉장고와 전기밥솥도 왠지 향수를 느끼게 합니다. 중앙에 둥근 나무 식탁이 있는데 영화 속에서는 밥을 먹는 용도보다는 라 여사가 태주의 남편 그리고 지인들과 마작을 하는 탁자로 더 많이 등장합니다. 사람들이 모여서 마작을 할 때는 이 식탁에 보라색 천이 깔립니다. 식당 조명은 결코 밝지 않습니다. 전체적으로 갈색으로 통일되어 있는 색조에 조명도 조금 어두운 편인 데다 정돈되어 있지 않은 인상을 주어 공간은 어딘지 모르게 불안합니다.

이 식당은 태주에게 절대적 억압을 상징하는 곳입니다. 태주의 집에 상현이 찾아간 첫날, 여느 때와 마찬가지로 시어머니 라 여사, 남편 그리고 지인들은 마작을 했고, 그곳에서 태주는 수모를 당하고 울분에 남편을 때리려고 하지만 결국은 그러지 못합니다. 이는 그곳에 있는 모든 사람이 태주가 수모를 당하고 있다고 생각하지 않으며, 설사 그렇다 하더라도 이 공간에서는 태주가 반항하는 행동을 해서는 안 된다고 생각하는 것을 태주도 알고 있기 때문입니다. 다시 말해 보통 부엌과 식당에서는 음식을 만들고 내오는 며느리인 태주가 주인이어야 하지만, 실상은 철저하게 배제된 곳이라는 아이러니가 있습니다.

식당은 집을 찾아오는 마작 멤버들과 남편, 라 여사 모두에게 개방된 공간이지만, 태주에게는 자신을 드러내지 못하는, 철저히 억압을 강요하는 공간입니다. 하지만 이런 억압의 공간이 식당인 이유는 식당이라는 곳이 지극히 일상의 공간이라는 점에서 더욱 의미가 깊습니다. 거실이 있는데도 그들만의 놀이인 마작이 항상 부엌 겸 식당에서 치러진다는 것은, 마작이 일상이며, 이 일상 공간에서 태주는 자신을 억누르고 살아야 한다는 것을 암시합니다.

물론 마작이 중국 등지에서도 의자에 앉아 하는 놀이이기 때문에 의자가 있는 식탁이 편합니다. 여기서 살펴보아야 할 것은 그렇다면 왜 마작이라는 놀이를 모두가 같이하는 게임으로 영화 속에 삽입했는가 하는 점입니다. 가장 일반적인 고스톱과 같은 화투 놀이라면 방이나 거실에서도 가능할 것입니다. 하지만 태주의 억압을 극명하게 표현하기 위해서는 가장 일상적 공간이 가장 고통받는 공간이 되어야 합니다. 그래야 강하게 억압된 욕망이 하나의 작은 구멍이 뚫리는 순간, 엄청난 압력으로 분출되기 때문입니다.

따라서 식당은 태주의 공간이 아닙니다. 라 여사, 나아가 태주를 제외한 등장인물 모두의 공간입니다. 또한 이 공간은 앞으로 나아가고자 하는 태주, 변화를 원하는 태주의 내적 욕망을 투영한 곳이 될 수도 없습니다. 식당의 분위기가 시대가 지나간 느낌을 주는 것은 오래되고, 진부하고, 변화되지 않고, 보수적이고, 침잠해 있는, 다시 말해 앞으로 나아가지 못하는 모습을 투영하고 있기 때문입니다. 라 여사가 한복집을 하고 있다는 설정도 간접적으로 식당의 이미지와 관련이 있습니다. 한복집도 1970, 1980년대의 분위기가 강합니다. 그러므로 태주가 식당에 머무는 한, 아니 이 집에 머무는 한 태주는 변화를 맞이하지 못할 것을 예상할 수 있습니다.

욕망의 혼돈체,
식당

태주 집의 구조는 통로인 복도를 마주보고 방들이 자리합니다. 마치 호텔 같은 분위기입니다. 그리고 통로의 양 끝에는 거실과 식당이 있습니다. 통로는 마주하는 방을 가르고, 길게는 거실과 식당을 분리시킵니다.

그런데 이런 집 구조는 우리의 일반적 주거 공간과는 다릅니다. 한국의 주거 공간은 대부분 L자형으로, 현관을 들어오자마자 거실처럼 가족 구

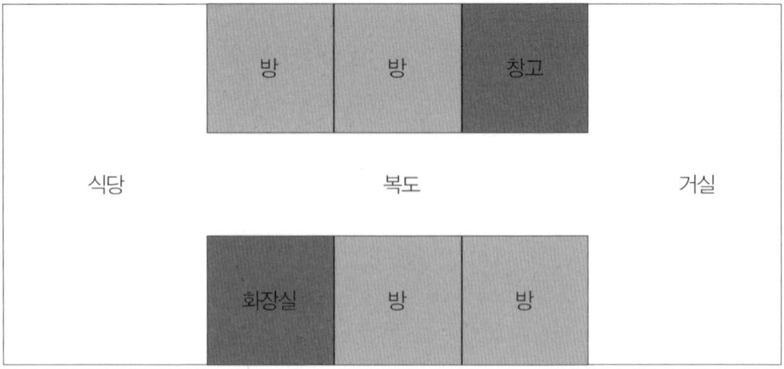

〈박쥐〉에서 태주의 집 구조

아래층엔 라 여사의 한복 가게가 있으며 계단을 통해 거실로 올라온다.

성원이 함께 사용하는 공간이 있고 복도 양옆에 방이 있으며 가장 깊은 곳에 안방이 있습니다. 식사를 하는 식당은 전통 한옥에서는 별도로 갖추어져 있지 않아 마루에서 같이 먹거나, 현대 아파트에서는 거실과 식당이 연이어 개방되어 있습니다. 따라서 거실과 식당이 양극단에 있고 그 사이에 방이 자리 잡고 있는 구조는 특이하다고 할 수 있습니다.

특이한 구조 때문인지 식당의 역할도 일반 가정집에서의 역할과 다릅니다. 일반적으로 집 안의 공간은, 그 공간에서 일어나는 전형적인 행동에 따라 이름이 붙습니다. 거실은 가족이 모여 있는 공간, 화장실은 배변 행위를 하는 장소, 부엌은 요리를 하는 공간, 식당은 식사를 하는 공간입니다. 오랫동안 인간에게 핵심이 되는 공간은 안전과 편안을 제공해 주었고, 서양 가옥에서는 따뜻함과 음식을 제공해 주는 곳인 부뚜막(아궁이)을 중심으로 하는 공간이 집을 의미하기도 했습니다. 즉 집은 무엇보다도 요리와 식사를 통해 가장 근본적인 인간의 욕구를 충족시키는 기능이 중요했습니다. 그런데 앞서 말한 바와 같이 박쥐에서는 식당이 식사를 중심으로 하는 공간이기보다는 놀이를 위한 공간으로 표현됩니다.*

---

* 식당은 예로부터 서구에서는 대화, 독서, 놀이, 접객을 위한 공간으로 활용되었다. 이는 특정한 공간이 상황, 시간에 따라 다른 역할을 수행하기 때문이다. 그리고 요리에 쓰이고 온기를 만들어 내는 난로를 뜻하는 영어 'hearth'의 어원이 심장을 뜻하는 'heart'라는 점은 예로부터 집의 중심을 부엌 또는 식당으로 여겼다는 것을 말해 준다. 처음 집의 개념이 생겼을 때 집에는 단 하나의 부엌만이 있었고 부엌은 집 안에서 제일 중요한 공간으로 간주되었다. 그래서 부엌에 불을 지피는 신은 그 집을 지키고 가정의 평화를 담당하는 신과 동일시되었다.

식당이 식사 장소가 아닌 놀이 장소로 핵심 역할이 바뀌었다는 것은, 이미 가족의 따뜻함과 단란함이 있는 공간이 아니라는 점을 상징합니다. 식당이 지니는 공간적 역할이 변질됨으로써, 이 공간에 존재하는 캐릭터들도 일반적 관계에서 일탈되어 있음을 간접적으로 말해 줍니다.

식당에 놓여 있는 식탁도 일탈적 공간을 말해 줍니다. 영화 속에서는 두 가지 측면에서 식탁의 특성을 살펴봐야 합니다. 하나는 식탁이라는 기능적 측면과, 또 하나는 원형이라는 형태적 측면입니다. 영화 속 식탁은 일반 가정에서 많이 쓰는 사각형이 아니라 원형이라는 점이 마음에 걸립니다. 더욱이 이해하기 어려운 것은, 마작은 보통 사각형 탁자에서 하는 놀이라는 점입니다. 그러므로 원형 식탁을 마작을 위해 가져다 놓지 않았다는 것을 알 수 있습니다.

그럼 왜 원형일까요?

원형 식탁은 '아서왕과 원탁의 기사'에서처럼, 탁자 주변에 앉은 사람의 서열 관계를 없애는 효과가 있습니다. 아서왕은 다른 기사들과 동등한 위치에서 단결을 다지기 위해 일부러 원탁에 앉습니다. 영화에서 이 원형 식탁에 앉는 것이 허용되지 않는 사람은 태주뿐입니다. 그러므로 태주는 비非서열, 평등 관계에 끼지 못하는, 즉 다른 모든 사람의 하위에 있는 유일한 존재입니다. 또한 원형 식탁은 둘러싸고 앉은 사람의 운명 공동체적 의미를 가집니다. 극의 후반부에 이 식탁에서 마작을 즐기던 사람이 죽음을 맞이하는 것도, 어쩌면 처음부터 운명 공동체적인 원형 식탁이 암시하고 있었는지도 모릅니다.

식탁이라는 기능적 측면에서, 태주가 식탁에 다른 사람과 같이 앉지 못한다는 것은 그 공간 자체를 다른 사람과 같이 공유하고 있지 못하다는 점을 말해 줍니다. 옛날 각자의 무릎에 음식을 올려놓고 식사를 하던 모습은 식탁이 집안에 들어오면서 가족이 함께 식사하는 모습으로 바뀌었습니다. 식당의 식탁은 가족을 한곳으로 불러 모으는 강력한 역할을 했으며, 유럽에서는 중세를 지나면서 식탁을 집의 중심으로 여기게 되었습니다. 그러므로 식탁에 같이 앉는다는 것 자체가 공간을 공유하는 가족을 의미했습니다. 식탁에 앉지 못하는 태주는 이런 의미에서는 가족이 아닙니다. 그리고 식당이라는 공간에 존재는 하지만, 실질적으로는 투명 인간처럼 배제되어 있다는 사실을 알 수 있습니다.

태주의 욕망,
숲 속의 침실

전반부에 식당과 함께 자주 등장하는 공간은 태주의 침실입니다. 일상적이고 개방된 공간인 부엌과 대비되는 공간인 태주의 침실은 태주에게는 독립된 공간, 즉 외부와 일정하게 차단된 공간으로 표현됩니다. 태주가 남편과 지내는 침실의 가장 큰 특징은 '숲'의 이미지가 강하다는 점입니다. 벽지 · 침대 커버 · 베개는 물론이고 벽에 걸린 그림까지도 숲의 이미지를 담고 있습니다. 조명은 구석에 놓인 작은 스탠드와 작은 창으로 들어오는 달빛 정도여서 정말 울창한 숲의 느낌을 더합니다. 또한 울창한 숲의 이미지를 주는 짙은 갈색과 녹색을 기본 색조로 하고 있어서 더 그렇습니다.

숲은 어떤 상징을 지니고 있을까요? 숲은 아주 오랜 옛날부터 인간이 사는 공간과는 분리된 공간의 이미지를 갖고 있습니다. 죽은 자나 괴물이 사는 곳, 또는 요정이 사는 곳, 알 수 없는 곳, 막연한 불안을 주는 곳 등의 이미지로 인해 숲은 인간이 들어가서는 안 되는 곳이었습니다.

이런 이미지는 동화나 설화 · 신화 등에서 모험의 이야기가 펼쳐지는 공간으로, 또는 주인공이 경험해 보지 못한 경험을 하는 공간으로 표현되기도 합니다. 예를 들어 마녀의 손길을 피해 도망친 백설 공주는 숲 속으로 가 난쟁이를 만납니다. 숲 속에서 백설 공주는 죽음을 맞이하고 왕자와 만납니다. 그리고 다시 숲에서 나와 성으로 돌아가 결혼을 합니다. 〈헨젤과 그레텔〉에서 남매는 숲 속으로 도망쳐 과자 집의 마녀에게 잡혀 수프가 되기 직전, 기지를 발휘해 다시 집으로 돌아옵니다. 마찬가지로 〈빨간 두건〉에서는 숲 속에 핀 꽃에 현혹된 소녀가 늑대에게 잡아먹히지만 무사히 살아 돌아옵니다.

사실 숲은 현대의 도시인들이 보기엔 일상 공간이 아닌 지극히 비非일상 공간입니다. 그렇기 때문에 일상을 벗어나 숲을 찾아, 산을 찾아 떠납니다. 태주는 이 비일상적 느낌으로 가득한 침실에 들어와서야 비로소 자신의 본래 욕망, 금지된 욕망에 눈을 뜨는 자신을 볼 수 있습니다. 그러므로 침실

침실에서의 태주와 남편
태주는 자신의 욕망을 억제하기 위해 침실에서 자해를 하지만,
자고 있는 남편의 입에 가위를 꽂아 넣는 행위를 반복하면서 역전된 관계를 꿈꾼다.

에 다분히 있는 그대로의 욕망이 분출될 수 있는, 인위적이지 않고 본능적인 그리고 약간은 신비적이며 퇴폐적으로 느껴지는 숲이라는 이미지를 빌려오고 있습니다.

하지만 이 숲엔 단순히 일상에서 벗어나고 싶다는 상황 상징만 있지는 않습니다. 식당이 라 여사가 주인이고 라 여사의 진부하고 멈춰 있는 정체성을 투영한 공간이라면, 숲의 이미지를 갖고 있는 침실은 태주가 주인이 되는 방이며 따라서 태주의 정체성이 투영된 공간입니다. 태주의 마음은 숲 속을 헤매는 것처럼 어디로 가야 하는지, 어떻게 해야 하는지 모르는 상황입니다. 외롭고, 고되고, 불안하고, 무섭고 등등의 부정적 정서가 함축되어 '숲'으로 표현됩니다.

태주와 남편과의 관계도 태주의 영역인 침실에서는 다르게 나타납니다. 침실의 또 다른 거주자인 남편은 그저 잠을 자는 모습으로 그려질 뿐이며, 태주가 남편보다 우위에 있는 사람으로 표현되기 때문에 남편은 공간을 공유하는 사람으로서의 역할은 미미하다고 할 수 있습니다. 오히려 남편은 억압되던 태주가 욕망을 조금은 해소하는 대상이 됩니다. 영화에서 자는 남편의 벌린 입에 봉제 가위를 꽂아 넣는 동작을 반복하면서 소극적으로 분노를 표현하는 것이 바로 그렇습니다.

그렇다면 침실은 태주에게는 현실에서 도피할 수 있는, 억압된 자아를 드러낼 수 있는 공간이라고 할 수 있을까요?

숲의 상징성으로 돌아가서 보자면, 숲은 아주 옛날부터 죽음의 공간,

또는 격리된 공간으로 받아들여졌습니다. 어느 나라의 민화, 설화에서도 숲은 죽은 자가 가는 곳, 정상적인 사람들과 격리되어야 하는 사람이 가는 곳으로 그려집니다. 숲은 마을에 사는 주민들의 입장에서는 움직이지 않고 침잠되어 있는, 마치 거대한 정체를 알 수 없는 웅덩이와 같습니다.

그러므로 숲의 이미지를 지닌 침실은 태주의 마음이 이미 살아 숨 쉬고 있지 못하다는 것을 말해 주고, 타인과 격리되어 있다는 것을 상징하는 공간입니다. 또한 이런 이유로 침실은 태주가 주인인 방이며 심리 상태를 투영하고 있기는 하지만, 태주가 원하는 방은 아니라는 것을 알 수 있습니다. 그래서 태주는 밤이면 침실에서 빠져나와 거리를 달립니다.

거실,
새로운
자유 공간

원래는 태주의 공간이 되어야 하는 부엌이 라 여사의 공간이라면, 태주가 자신의 정체성을 바꾸기 위해서는 당연히 식당이라는 공간을 파괴하거나나 해체, 또는 부정하는 일이 필연적으로 따라 주어야 합니다. 태주는 식당이라는 공간을 자신이 존재하고 있는 영역에서 사라지게 만드는 한편, 새로운 정체성에 어울리는 공간을 확보해야 하기 때문입니다. 이 공간은 이야기의 흐름이 태주의 욕망 분출과 이로 인한 파멸을 다루고 있

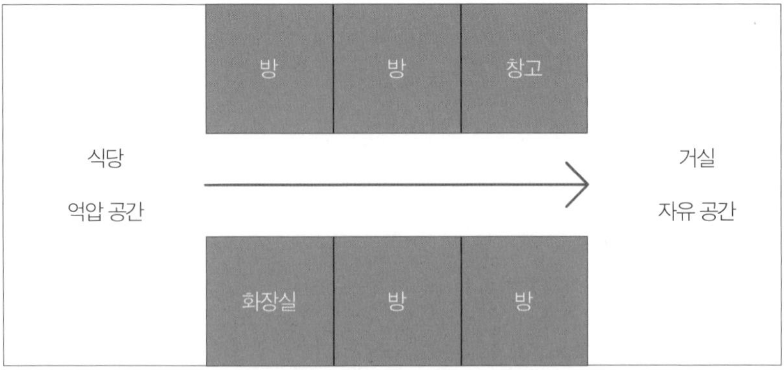

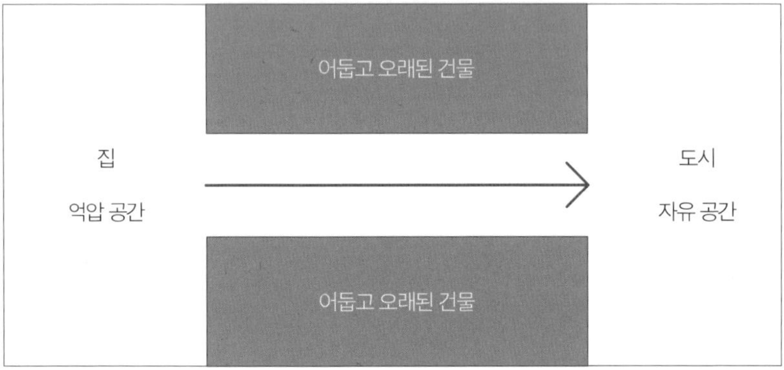

집 구조와 거리 이미지의 대치

억압의 현재 '여기'에서 '도시'를 향해 거리를 달리는 태주의 욕망은 향후 억압의 공간인 식당에서 복도를 지나 새로운 자유의 공간인 거실을 지향한다.

는 한, 일차적으로 욕망을 분출할 수 있는 공간이어야 합니다.

물론 식당이라는 물리적 공간 자체는 그대로 놔두고, 식당을 다른 용도로 바꾸거나 내부 인테리어를 바꾸는 것도 기존 공간을 파괴하고 부정하는 방법이 됩니다. 하지만 여기서 감독은 기존의 부엌을 부정하고 새로운 공간을 수용함으로써 태주의 욕망 충족을 표현하는 전략을 선택합니다. 감독이 선택한 새로운 공간, 태주가 뱀파이어가 된 후 새로운 자기 정체성을 맘껏 표현하는 공간이 바로 거실입니다.

영화 속 어떤 공간이 후반부 중심 공간이 되는가는 태주가 밤에 달리는 거리의 이미지를 보면 짐작할 수 있습니다. 태주가 뛰어가는 거리 양옆으로는 낮고 오래되어 보이는 건물들이 어둠 속에서 웅크리고 있습니다. 이와 대조적으로 태주가 뛰어가는 방향의 저 먼 곳엔 도시의 높은 빌딩이 자리하고 있고, 동이 터 오며 어둠이 걷히는 새벽의 모습을 하고 있습니다. 현재 태주의 억압과 분노와 어둠의 공간은 뒤에 남고, 앞에는 환희와 쾌락과 자유의 공간이 기다리는 듯이 말입니다. 양옆의 진부하고 숨 막히는 건물과 어둠 그와는 대비되는 세련되고 높은 빌딩과 밝음은, 그래서 앞으로 태주가 어떤 공간을 지향하는지를 암시합니다.

어쩌면 감독은 현대 도시가 지닌 높이와 밝음이 인간의 근원적 욕망을 끊임없이 채워 주는 상징성을 지니고 있다고 말하는 듯합니다. 그러므로 한복집 앞, 태주가 밤에 미친 듯이 달리는 거리라는 공간은 사실은 앞서 제시한 집의 구조를 옮겨 놓은 것에 불과합니다. 억압 공간이던 식당에서 거실

하얀 공간인 거실에서의 태주와 상현
뱀파이어의 일반적 속성과는 동떨어진, 밝고 환한 공간이다.

로의 중심 공간 이동은 이야기가 이제는 더 이상 태주의 억압적 심리 상황을 묘사하는 것이 아니라, 뱀파이어가 되어 욕망의 자유를 얻는 심리를 묘사하겠다고 선언하는 듯합니다.

거실로 자신의 중심 공간을 이동한 태주는 거실에서 마음껏 먹잇감의 피를 빨아 먹습니다. 거실에 있는 그녀는 활기차고, 생기 넘치고, 거칠 것이 없습니다. 후반부에서 식당은 마작을 하던 지인들이 마지막으로 모여 죽음을 맞이하는 곳이 됩니다. 이전에 식당을 지배하던 사람들에 대해 자신의 존재감을 확실히 드러낸 후, 식당이란 공간은 그녀에게 과거의 공간으로 바뀝니다.

강렬한 흰색과 빛이 표현하는 격정적 변화

하지만 거실이라는 공간이 관객에게 깊은 인상을 주는 것은 단지 거실이 배경으로 자주 등장하기 때문이 아닙니다. 가장 큰 이유는 색이 주는 인상 때문입니다.

태주가 뱀파이어가 된 다음 날, 상현은 거실에 있는 모든 집기, 장식, 가구를 들어내고 벽과 천장, 바닥을 온통 하얗게 칠합니다. 일반 가정집이라기보다는 마치 병원, 특히 정신병원 병동으로 자주 묘사되는 영화 세트처럼 느껴질 정도로 집요하게 하얀색 공간을 만들어 냅니다. 공간의 색뿐만이 아닙니다. 천장에는 세기 힘들 만큼 많은 형광등을 답니다. 천장, 바닥, 벽이 온통 하얀 공간에 강한 빛은 거실을 마치 사진 스튜디오처럼 밝게 표현합니다.

파란색 소파가 덜렁 놓여 있는 흰색 공간은 지금까지 영화에 등장한 공간에 비해 상당히 이질적입니다. 지나칠 정도로 하얗고 밝은 공간의 등장은 그동안 어둡고 음울하던 태주를 둘러싼 상황의 변화 그리고 태주의 심리 변화, 정체성 변화를 표현합니다. 여기서 주의해야 할 것은 공간의 변화가 나타내는 것이 태주의 변화이지 상현의 변화는 아니라는 점입니다. 상현은 오히려 이 새로운 공간의 탄생과 태주의 변화를 불안한 마음으로 바라봅니다. 욕망에서 자유로워진 태주의 거침없는 행동을 바라보는 상현의 눈빛은 왠지 벌을 받는 소년처럼 보입니다.

태주의 변화는 옷에서도 나타납니다. 뱀파이어가 된 후 거실을 자신의 영역으로 하는 태주의 옷은 지극히 현대적이면서 도시적으로 변합니다. 옅은 갈색의 평범한 스트라이프 무늬에서, 하얀 바탕에 화려한 꽃무늬나 거실 소파와 같은 강렬한 파란색으로 바뀝니다. 이런 옷의 변화는 거실 색의 변화와 함께 어울려서 그녀의 변화가 얼마나 격정적이었는지를 말해 줍니다.

완벽한 경계로 군림하는 통로

사실 상황이나 정체성, 심리 변화를 집을 통해 표현하는 것은 태주뿐 아니라 이 세상 모든 사람이 하는 행동 범위에 속합니다. 벽지를 바꾸고 가구를 새로 들이고 방의 용도도 바꾸고 청소도 하고, 심지어는 아예 이사를 가기도 합니다. 하지만 그렇다고 해서 우리가 일상을 벗어나서 비일상에 머물고자 이런 행동을 하는 것은 아닙니다. 우리가 원하는 공간의 변화란 단지 새로운 일상을 맞이하는 새로운 출발을 의미하기 때문입니다.

이야기를 지니고 있는 콘텐츠의 대부분은 일정한 구조를 갖고 있습니다. 가장 보편적 구조는 이야기 속 등장인물이 일상에서 비일상으로 떠나고 비일상에서 다양한 체험을 한 후 다시 일상으로 돌아오는 것입니다. 신화에서 보면 영웅들이 일상생활을 하다가 모험이라는 비일상으로 가서 다시 집으로 돌아오는 일상으로의 귀환이 자주 등장합니다. 미국 할리우드 영화도, 일상을 보내던 주인공에게 비일상적 사건이 일어나고 이 사건이 해결되면 주인공은 다시 일상으로 돌아옵니다.

이런 구조는 기본적으로 동서고금, 분야를 불문하고 거의 모든 이야기에서 찾아볼 수 있습니다. '일상 → 비일상 → 일상으로의 회귀'는 이 때문에 이야기의 구조 분석에서 보면 기본 중의 기본이라 할 수 있습니다. 물론 이때 일상과 비일상은 공간적으로 구별됩니다. 그래야 독자나 관객이 주인공이 일상에서 벗어나 비일상의 체험을 하고 있다는 것을 명확히 인식할 수

하얀색 복도에 있는 태주와 상현
저편으로 제외된 공간인 식당이 보인다.

있기 때문입니다. 그럼 〈박쥐〉의 공간을 이 틀에 맞추어 보면 어떨까요?

앞서 식당에서 거실로의 중심 공간 이동을 이야기했습니다. 그런데 더 주목해야 할 분분은, 상현과 태주가 거실과 식당을 잇는 통로, 즉 방들이 마주보고 있는 복도도 온통 하얀색으로 칠한다는 점입니다. 하얀색은 복도와 거실의 의미적 일체성을 의미하지만, 하얀색으로 칠하지 않은 식당은 이런 일체성에서 제외됩니다. 그러므로 여기서는 복도의 '하얀색' 자체가 중요한 것이 아니라, '거실과 같은 색'이 중요합니다.

대부분의 이야기 구조인 '일상 → 비일상 → 일상으로의 회귀'를 적용한다면, 태주에게 일상은 뱀파이어가 되기 전 인간의 정체성을 갖고 있는 상황이고, 비일상은 뱀파이어가 된 상황입니다. 따라서 태주에게 일상 공간은 식당이 되고 비일상 공간은 거실이 됩니다. 이런 개념을 이야기 구조에 맞춰 보면 '식당 → 거실 → 식당으로의 회귀'가 이루어져야 해피엔딩까지는 아니더라도 우리가 어렵지 않게 수용하는 이야기가 됩니다.

하지만 결과적으로 태주와 상현은 일상으로 돌아가지 않습니다. 아니 태주의 입장에서는 일상으로 돌아가려고 하지 않습니다. 복도를 거실과 같은 색으로 칠해, 스스로 일상과 비일상을 이어 주는 공간인 복도를 비일상 공간으로 바꿈으로써, 일상으로의 회귀 가능한 통로를 막아 버립니다. 마치 계곡의 다리를 끊어 버리고 후퇴하지 않고 싸우겠다는 임전무퇴의 자세와 같습니다.

복도는 더 이상 연결성을 지닌 통로가 아니라 구분과 경계라는 '가르는' 역할밖에 하지 못합니다. 명확히 그 전의 일상이던 식당을 현재의 거실에서 분리시키고 절대 오고 가지 못하게 만듭니다. 그마저 거실의 한 부분이 되면서 통로라는 의미도 희석됩니다. 그래서 복도에 자리하고 있는 창고는 태주의 먹잇감이 된 사체를 보관하는 곳이고, 욕실은 마작 멤버들을 살해한 후 피를 받아 내는 장소가 됩니다.

태주가 일상으로 돌아오지 못하고 비일상 공간에 머문 채 파멸을 맞이하는 것은 어쩌면 통로를 하얀색으로 칠하는 시점에서 결정됐을지도 모릅니다. 이야기상 어떤 캐릭터가 일상에서 비일상으로 건너가지만, 비일상에서 일상으로 귀환하지 못하게 되면 그 캐릭터는 비일상의 상태에서 파멸을 맞이하는 슬픈 결말로 이어집니다. 물론 간혹 비일상이 더 행복할지 모른다고 주장하는 이야기도 있지만, 이는 독자와 관객의 관점에 따라 해석이 달라집니다.

예를 들어 영화 〈스파이더맨 Ⅰ〉에서 악역으로 등장하는 '그린 고블린(윌렘 데포 분)'은 일상에서 칭송받는 과학자에서 욕망의 화신인 고블린으로 바뀌고 나서, 괴물로 살아가는 비일상에서 빠져나오지 못한 채 스파이더맨과 싸우다 죽음을 맞이합니다. 어떻게 보면 이 죽음이야말로 그가 일상으로 돌아올 수 있는 유일한 방법이었는지도 모릅니다. 왜냐하면 그는 그린 고블린이 아니라, 일상의 정체성인 과학자 '노마 오스본'이라는 이름으로 땅에 묻혔기 때문입니다.

두 공간의 통로,

터널과 다리

우리는 정체성이 전혀 다른 나로 변화하기 위해서, 또는 다른 차원의 욕망을 해소하기 위해서, '이쪽'이 아닌 '저쪽'으로 건너갔다가, 변화가 성공적으로 이뤄지고 욕망이 해소되면 다시 '저쪽'에서 '이쪽'으로 건너옵니다.

이러한 통로의 상징성을 지닌 공간엔 무엇이 있을까요? 가장 자연스럽게 떠오르는 것은 동굴을 포함한 터널과 다리입니다.

터널은 우리 주변에 많이 있습니다. 보통은 산처럼 넘기 힘든 장소에, 이쪽과 저쪽을 잇기 위해 만들어 놓은 통로입니다. 시각적으로는 이쪽에서 저쪽의 상황을 알 수가 없습니다. 만일 이쪽에서 저쪽을 바라보면, 터널 안은 어두운 데다가 저쪽 출구에서 들어오는 빛 때문에, 터널 안에 사람이 있으면 그 실루엣이 신비롭고 불안하게 느껴집니다. 이런 효과를 연출하는 영화나 연극 등에서 검은 배경에 강한 조명을 많이 활용합니다만, 이미지의 근원은 터널의 시각 효과와 같습니다.

또한 우리는 영화를 보다가 누군가가 어두운 터널로 들어가는 장면이 나오면, 다시 그가 돌아올 때 이전의 그가 아닌 다른 사람, 즉 한층 더 성장한 사람이거나 뭔가를 해결하고 돌아오는 사람, 또는 전혀 다른 괴물이 되어 올 것이라고 예상합니다.

하지만 두 공간, 이쪽과 저쪽을 잇는 통로의 상징으로 터널이 활용되기 전에는 동굴 또는 동굴과 유사한 공간이 사용되었습니다. 많은 신화에서 지하와 지상을 잇는 통로로 동굴을 이용하는 것도 두 공간의 이질성을 표현하기 위해서입니다. 지하는 보통 죽은 자의 세계인 저승이나 인간이 아닌 다른 존재의 공간을 의미했습니다. 그러므로 동굴의 안쪽 세상과 바깥쪽 세상은 전혀 다른 공간이며, 안과 밖의 주민들도 전혀 다른 정체성을 지니고 있다는 것을 상징합니다.

그리스 · 로마 신화에서는 헤라클레스, 오르페우스 그리고 프시케 등이 동굴 또는 지하 세계로 이어지는 굴을 통해 저승으로 갔다 돌아옵니다. 오래전부터 신화에 동굴이 비일상적 공간으로서 통로로 상징화된 것은, 동굴은 인위적으로 파지 않아도 오래전부터 존재했고, 햇빛이 들어오지 않는 칠흑 같은 어둠 때문에 사람들에게 자연스레 불안과 신비를 안겨 주었기 때문입니다.

동굴은 '우주의 상징이며, 세계의 중심, 심장, 신성神性과 인간성이 만나는 곳, 죽었다가 소생한 신이나 구세주가 태어나는 곳'을 상징합니다. 동굴이 대지大地의 신인 어머니 신의 자궁으로 여겨졌기 때문입니다. 그러므로 '동굴은 비밀의 장소면서 위험한 통로'이기도 합니다. 동굴은 이처럼 인간이 이해하기 어려운 다른 세계의 체험과 변화를 가능하게 하는 통로이자 공간의 상징이었습니다.

단군신화에 나오는 곰과 호랑이 이야기도 사실은 동굴의 상징성과 관련이 있습니다. 곰과 호랑이는 인간이 되기 위해서 100일간 쑥과 마늘만 먹으면서 동굴에서 나오지 않아야 한다는 환웅의 말에 따라 동굴에서 생활합니다. 곰은 웅녀라는 정체성의 변화, 즉 성장을 하고 돌아와 단군과 결혼할 수 있는 신성神性을 지니게 됩니다. 하지만 어디까지나 이전의 세계, 즉 인간 세계인 일상으로 돌아오는 것은 변함이 없습니다. 단지 성장을 하고 돌아오는 것이죠. 이는 앞서 말한 일상으로의 귀환을 말하며, 귀환이 해피엔딩을 맞이하기 위해서는 주인공이 비일상에서의 체험을 통해 성장 발전한 정체성을 획득한다는 것을 조건으로 한다는 점과 일치합니다.

터널 다음으로 통로와 같은 상징으로 많이 활용되는 것이 다리입니다. 다리는 이질적인 두 공간이 깊은 계곡이나 강으로 단절되어 있다는 것을 전제로 합니다. 다리는 신화에서 종종 무지개, 하늘의 용, 하늘의 뱀으로 모습을 달리해 표현되기도 합니다. 또한 면도날이나 칼 등으로 만들어진 평범하지 않은 다리는 인간이 그냥은 가까이 다가갈 수 없는, 정신이나 영혼을 통해 육체적인 것을 초월했을 때만 도달할 수 있는 길로 묘사되기도 합니다.

영화 〈인디애나 존스 3 - 최후의 성전〉에서 존스는 아버지와 함께 성배를 찾으러 떠나 성배가 있는 장소에 다다릅니다. 그런데 성배와 성배를 지키는 기사가 있는 곳으로 가기 위해서는 낭떠러지 계곡을 건너야 합니다. 보이지 않는 다리를 찾기 위해 그가 모래를 뿌리자 비로소 다리가 보입니다. 다리는 성배가 있는 최종 장소와 존스가 서 있는 장소가, 공간의 의미가 다르다는 것을 말해 줍니다. 비록 사원 안이라 해도 성스러운 장소의 수준이 다르다는 거죠. 또한 이곳은 진정한 용기와 신념을 가진 자만이 들어와서 돌아갈 수 있음을 상징합니다.

다리가 이질적인 두 공간을 이어 주는 사례는 불교에서도 찾아볼 수 있습니다. 대한민국 국민이라면 누구나 가 보았을 불국사. 불국사에는 청운교青雲橋, 백운교白雲橋라는 다리가 있습니다. 청운교와 백운교는 대웅전을 향하는 자하문과 연결된 다리를 말하는데, 다리 아래 속세와 다리 위 부처의 세계를 이어 주는 상징적 의미를 지니고 있습니다.*

강이 두 공간을 단절시키는 역할을 할 때 배가 통로로 사용되는 경우도 있습니다. 예를 들어 그리스 · 로마 신화에서는 이승에서 저승을 가기 위해 다섯 강을 건너야 하는데, 뱃사공 카론이 바닥이 없는 쇠가죽 배에 죽은 자들을 태워 저승으로 이끌었다고 합니다. 물론 헤라클레스나 오르페우스처럼 살아 있는 사람도 카론의 도움으로 저승에 갈 수 있었습니다.**

* 현재는 다리 아래 물이 흐르지 않지만, 건립 당시에는 불국사 주변에 연지(연못)가 있어서 물이 흘렀다고 한다. 이름과 달리 형태적으로 다리가 아니라 계단에 가까운 점도 특이하다. 다리는 수평적 공간의 연결성을, 계단은 수직적 공간의 연결성을 의미하기 때문에 모두 공간의 연결 장치라는 공통점을 갖고 있다.

** 저승으로 가는 다섯 강은 '비통의 강' 아케론, '시름의 강' 코키토스, '불의 강' 플레게톤, '망각의 강' 레테, '증오의 강' 스틱스를 말한다.

불국사의 청운교와 백운교

자하문에 오르는 아래 다리가 청운교, 위 다리가 백운교다.

센이 치히로가 되어 돌아오는 터널과 다리

터널과 다리의 연결성을 보여 주는 좋은 예로 미야자키 하야오 감독의 애니메이션 〈센과 치히로의 행방불명〉을 들 수 있습니다. 미야자키 감독은 하늘과 숲을 잘 묘사한다고 알려져 있습니다만, 사실은 그의 공간 표현의 상징성도 간과해서는 안 됩니다.

치히로는 부모님과 함께 이사를 가는 도중에 길을 잃고 막다른 길에서 터널을 발견합니다. 터널 앞에는 작은 조각상이 서 있습니다. 아빠와 엄마는 재미있는 놀이공원이 있을 것 같다며 들어가 보자고 하지만 치히로는 불안하기만 합니다. 막상 들어가 보니 아무도 없는 동네에 맛있는 음식이 넘쳐 납니다. 엄마와 아빠는 그곳에서 미친 듯이 음식을 먹어 치우고는 돼지로 변하고 맙니다. 사실 그 마을은 신들이 머무는 곳. 신들의 모습을 보고 당황하는 치히로에게 낯선 소년 하쿠가 나타나 마녀 유바바가 경영하는 온천장으로 데리고 갑니다. 이곳에서 치히로는 센이라는 이름으로 일을 하면서 부모님을 구해 다시 일상으로 돌아갈 방법을 찾습니다.

영화 속 공간은 크게 세 영역으로 나눌 수 있습니다. 터널에 들어가기 전의 일상 공간, 터널을 지나면 나오는 신들이 머무는 마을, 다리 건너편의 온천장.*

그림을 보면 알 수 있듯이 다리와 터널은 분리된 공간을 이어 주면서

〈센과 치히로의 행방불명〉의 주요 공간 구분

현실, 중간 지역, 온천장으로 나뉘며 각각 다리와 터널로 구분되면서 이어진다.

동시에 나누는 상징으로 쓰입니다. 제일 먼저 등장하는 터널부터 살펴보도록 하겠습니다.

터널 앞에는 조각상이 서 있습니다. 조각상이 도로 중간에 있기 때문에 더 이상 차를 타고 터널에 들어갈 수 없습니다. 하지만 그 조각상은 왠지 기분 나쁜 듯이 웃고 있습니다. 치히로만이 이런 불안을 느끼고 얼굴이 잔뜩 굳습니다.

조각상은 '이곳에 들어가지 마시오'라는 금지의 표시판을 대신합니다. 그래서 어린아이의 직감으로 치히로는 뭔가 좋지 않은 일이 일어날 것을 느낍니다. 하지만 어른인 부모는 이를 알아차리지 못합니다. 금지를 어겼을 때 돌아오는 벌이 그다지 대단하지 않을 것을 경험을 통해 알기 때문입니다. 길에 담배꽁초나 휴지를 버리지 마라, 빨간 불일 때는 건너지 마라, 잔디밭에 들어가지 마라 등의 금지를 어긴다고 해서 별일이 일어나지 않습니다. 오히려 이런 것을 어기면 편하고 빠르고 재미있습니다. 이걸 알고 있는 거죠. 하지만 아직 순수한 어린 마음의 치히로에게 금지는 여전히 금지입니다. 마을에 들어가서도 아빠, 엄마는 음식점에서도 주인이 없는데 나중에 돈을 내면 된다고 하면서, 또 한 번 '주인이 있는 것에 함부로 손대면 안 된

---

* 신들이 머무는 마을은 강을 사이에 두고 벌판과 건물 지역으로 나뉘므로 정확히 말하면 네 영역이라 할 수 있다. 다만 벌판 지역은 잠깐 등장할 뿐 큰 의미가 있는 공간은 아니다. 온천장에서 전철을 타면 도착하는 유바바의 쌍둥이 마녀가 사는 공간은 본문에서는 분석하지 않았다. 하지만 전철과 같은 이동 수단도 공간을 이어 주는 통로 역할을 한다고 볼 수 있다.

터널 앞 조각상(금지석)과 치히로
불안한 모습의 치히로와는 대조적으로 조각상은 웃고 있다.

다'는 사회적 금지를 어깁니다.

금지를 어기고 들어간 곳에는 금지된 물건에 손을 대게 만드는 참을 수 없는 욕망인 식욕이 엄마, 아빠를 기다립니다. 두 사람은 욕망을 거부하지 못하고 결국은 자신의 정체성 변화, 즉 돼지가 되어 가는 것을 알지 못합니다. 하지만 치히로는 절대 음식에 손을 대지 않습니다. 참기 어려운 식욕도 치히로에게는 여전히 '저편에 있는' 욕망입니다.

비일상 공간에서 제공되는 음식을 먹으면 그 공간의 사람이 된다는 것이 치히로 가족에게만 해당하진 않습니다. 그리스신화에서 페르세포네는 저승을 다스리는 하데스로부터 석류 네 알을 받아먹는 바람에 1년 중 네 달은 저승에서 살지 않으면 안 됩니다. 치히로도 마을 음식은 먹진 않았지만, 부모님을 되돌리기 위해 온천장에 머물러야 해서 어쩔 수 없이 하쿠가 건네는 음식을 받아먹습니다. 이때는 식욕이라는 욕망을 표현하는 것이 아니므로 작은 알약 정도의 음식입니다.

마을에서 온천장으로 가려면 다리를 건너야 합니다. 이 다리는 앞서 설명한 인디애나 존스가 성배를 찾아 건너는 다리와 유사합니다. 즉 이질적 공간 안에 또 다른 이질적 공간이 존재하는 것을 의미합니다. 이 다리는 나중에 엄마와 아빠가 인간으로 돌아오는 장소이기도 합니다. 유바바가 제시하는 최종 문제에 대한 해답을 치히로는 이 다리 위에서 말합니다. 그리고 터널을 빠져나오자 그제야 부모는 정상적인 인간으로 돌아옵니다. 물론 터널 안에서의 일은 까맣게 잊고 말입니다.

〈이웃집 토토로〉의 낮은 나무 터널
토토로가 있는 곳까지 이어져 있고 메이가 토토로와 만나는 길이다.

사실 미야자키 하야오 감독은 〈이웃집 토토로〉에서도 비일상 공간을 그립니다. 주인공 메이가 토토로와 처음 만나는 과정을 보면, 숲에서 낮은 나무들로 만들어진 터널을 발견하고 그 터널을 기어가다가 떨어진 곳에서 토토로를 만난다는 설정으로 되어 있습니다. 터널은 여기서도 이질적 공간을 이어 주는 상징성을 갖고 있습니다.

하나 더 재미있는 것은 〈이웃집 토토로〉나 〈센과 치히로의 행방불명〉 모두 집을 옮기는 이사라는, 즉 공간을 이동하는 것이 계기가 되어 새로운 세계와의 만남이 시작된다는 공통점이 있습니다. 토토로에서는 엄마의 병 때문에 다리를 건너 시골로 이사를 온 이야기고, 치히로도 이사를 가는 도중에 발생하는 사건입니다. 토토로에서는 사쓰키와 메이 자매가 토토로와 만나서 가족의 사랑과 성장하는 자신들의 모습을 발견하는 내용이고, 치히로도 하쿠와의 만남으로 어렸을 때 잊고 있던 자신의 경험을 기억해 내고 모험을 통해 한층 더 성장한 모습으로 현실로 돌아옵니다. '이사, 다리, 터널'이라는 세 상징은, 공간의 이동을 새로운 나와의 만남으로 연결시키는 미야자키 감독의 고집이 엿보이는 대목입니다.

통로를 열어 둔

욕망

집 안의 짧은 복도든, 대문에서 현관까지의 길이든, 영화관의 계단 사이 통로든, 터널이든, 다리든, 공간과 공간을 이어 주는 기능이라 생각하던 통로는 얼굴을 바꾸면 완벽한 금지의 경계를 만들어 냅니다.

통로를 사이로 둔 두 공간은 인간의 욕망과 정체성을 숨기고 있습니다. 거실에서 가족과 TV를 보던 아이는 통로를 지나 공부방으로 향하면서 학생이 됩니다. 공부방에서 나와 거실로 가는 아이의 마음에는 TV를 보고 싶다는 욕망이 있습니다. 그리고 TV를 보고 싶다는 욕망은 공부방에서는 억압되고, 거실에서는 분출되고 해소됩니다. 내면에 숨어 있는 욕망은 공간에 따라 슬며시 얼굴을 내밀기도 하고 꼼짝없이 묶여 있기도 합니다.

그래서 억압된 욕망이 분출되는 것은 '지금 이 공간에서 다른 공간으로 이동'했기 때문입니다. 공간은 인간의 욕망에 의해 만들어지고, 그 욕망을 표출하도록 부추기기도 합니다. 때로는 자신의 의지와는 상관없이 다른 공간을 접하면서 자신이 이런 욕망을 갖고 있다는 것을 알게 되는 경우가 있습니다. 평소에는 겁이 많은 사람이 차에 앉으면 험하게 차를 모는 사람이 되는 것처럼 말입니다.

통로뿐만 아니라 문도 같은 역할을 합니다. 현관문을 열고 밖으로 나서거나, 방문을 열고 나가 다른 방문으로 들어갈 때 우리는 공간의 이동과 함께 자신의 다른 모습이나 욕망을 느끼기도 합니다. 현관문을 열었을 때 바깥 공기가 자유로움과 함께 맘껏 소리치고 싶은 기분을 들게 하는 것처럼.

그리스신화에서 문을 지키는 수호신이 바로 두 얼굴을 가진 '야누스'입니다. 야누스는 문밖과 안을 동시에 볼 수 있어서 외부로부터 들어오는

야누스 조각상
'경계의 신' 야누스의 두 얼굴은 반대편을 바라보고 있다.

자를 감시하고 내부의 평화를 지키는 역할을 했습니다. 1월의 영어 표기인 'January'는 지나간 해를 반성하고 새로운 해를 맞이한다는 의미로 야누스의 이름을 빌려 왔습니다.

따라서 야누스는 단순히 양쪽을 바라본다는 시각적 특징의 신이 아닙니다. 그는 인간의 마음은 항상 주의와 경계가 필요하다는 것을 인식시키는 신입니다. 문을 열고 나가거나 들어서는 순간, 바로 전까지의 자신을 잊고 다른 모습으로 바뀌는 것에 대해 인간에게 경고합니다. 그래서 항상 근엄하거나 무서운 얼굴을 하고 있습니다.

공간 이동을 위해 자리하고 있는 통로나 문은 이렇듯 공간의 변화가 인간 욕망과 정체성의 변화를 이끈다는 것을 상징합니다. 우리는 일상생활에서 집을 포함해 많은 공간 안에서 생활합니다. 그러면서 각 공간에 맞게 허용되는 행위가 무엇인지 알고 있습니다. 버스 안에서는 꾸벅꾸벅 졸아도 사무실이나 교실에서는 그러면 안 된다고 생각합니다. 집에서는 속옷 차림으로 활보를 해도 밖으로 나올 때 그러면 안 된다고 알고 있고, 도서관에서는 소리를 지르거나 뛰어다니지 않습니다.

이런 많은 일상 공간에서 사람들 각자는 자신 안에 꾹꾹 눌려진 무엇인가가 시원하게 해소되는 느낌을 받는 공간이 다릅니다. 침실이 될 수도, 술집이 될 수도, 야구장이 될 수도 있습니다. 하지만 그 공간이 현실적 의미를 갖는 것은, 잠시 그곳에 머물고 나서 다시 일상으로 돌아올 수 있다는 보장이 있기 때문입니다. 계속 침실에 머물게 되면 은둔형 외톨이(히키코모리)

가 되고, 야구장에서만 지낸다면 노숙자 신세를 면치 못할 것이고, 술집에서만 시간을 보내려 한다면 알코올의존자로 가는 길입니다. 우리는 다시 일상으로 돌아올 것을 알고 있기 때문에 아무런 두려움 없이 비일상 공간에서 욕망을 잠시나마 해소할 수 있습니다.

그러니 잊지 마십시오. 언제나 다시 되돌아올 수 있는 통로는 닫아 두지 말고 열어 두어야 한다는 것을. 비일상 공간으로 갔던 통로를, 그때의 그 마음을 잊어버리고 헤매게 되면 다시 제자리로 돌아올 수 없다는 것을.

칼럼 2 : 집은 미디어다

그리스 철학자 아리스토텔레스는 공간을 일종의 '용기'로 보았습니다. 그의 생각에 따르면 컵이나 가방과 같은 용기는 '갖고 다닐 수 있는 공간'을 뜻하므로, 집과 같은 건축물이라는 공간 또한 '움직이지 않는 용기'인 셈입니다. 이 용기라는 개념을 공간은 단순히 인간과 인간의 생활을 담는 용기라는 좁은 의미를 벗어나, 좀 더 넓은 의미로 해석하면 '미디어로서의 공간'이라는 개념으로 연결됩니다.

인간에게 집과 같은 공간은 그저 단순히 자신을 보호하거나, 비바람을 피하는 기능이 아니라, 앞서 말한 바와 같이 훌륭한 표현 매체, 즉 미디어와 같은 특성을 지니고 있습니다. 그러므로 필연적으로 그 공간에 거주하거나, 공간을 이용하는 사람의 특성을 표현하는 기능을 갖고 있으며, 이 공간을 살펴보면 공간의 거주자나 이용자의 특성을 알 수 있습니다.

집도 자신만의 정체성을 지니고, 실제로 말을 하는 것처럼 자신에 대해 우리에게 이것저것을 들려줍니다. 그곳에서 어떤 일이 일어났고, 주인은 누구며, 사용자는 누구인지 말해 줍니다.

집은 자신이 지닌 모든 것, 장식품 · 벽지 · 문의 형태 등을 통해 어떤 메시지를 전달합니다. 집의 크기는 자신의 중요성을 이야기하고, 집의 형태, 예를 들어 핫도그 형태를 한 건물은 자신이 핫도그 집이라는 것을 알려 줍니다. 가구 배치는 사람들의 관계를 보여 주고, 방의 물건은 사람들이 좋아하는 것은 어떤 것인지를 말해 줍니다. 그리고 집 안의 소리나 냄새조차도 그 안에서 무슨 일이 있는지를 말해 줍니다. 이런 내부의 모든 것이 우리에게 무의식적 메시지가 되므로, 공간은 이런 메시지를 가득 담고 있는 미디어가 되는 셈입니다.

어떤 사람은 자신에 대한 정보를 의도적으로 왜곡하려는 목적으로, 집을 비롯한 공간이 전달하는 메시지를 인위적으로 조작함으로써 공간이 지니는 미디어로서의 기능을 활용하기도 합니다. 사기꾼의 사무실은 모든 사람이 신뢰감을 느낄 수 있도록 그럴듯한 모양새를 하고 있지만, 이는 공간의 미디어 기능을 악용하는 경우입니다.

그러므로 공간과 인간은, 인간이 사회생활을 하는 과정에서 대단히 많은 대화를 주고받는 사이입니다. 우리가 갑자기 낯선 공간에 들어서면 느끼는 불안은, 갑자기 아무런 사전 지식 없이 정체불명의 상대와 맞닥뜨렸을 때 느끼는 불안과 유사합니다. 인간이 자기 주변 공간을 인식하고 '이 공간이 어떤 곳이다'라고 확정할 수 있는 것은 공간의 정체성을 인식할 수 있다는 것을 의미합니다. 또한 공간의 정체성을 인식한다는, 자신이 처해 있는 현재 상황이 어떤지를 인식하는 셈이기도 합니다.

그러므로 공간을 식별하고 의미를 파악하는 것은, 나는 지금 어떤 상황에서 어떤 성격의 사람으로 존재하는지, 나는 왜 이곳에 왔는지 등에 대한 자기 정체성을 획득하는 것과 연결됩니다.

이처럼 인간은 공간을 자기 정체성을 투영하는 대상으로 하면서도, 공간 인식을 통해 자기 정체성을 확인하기도 합니다. 인간은 자기 자신을 계속 변화시켜 가는 존재이기 때문에 명확한 자기 자신, 자기 정체성을 찾아내는 일은 매우 힘듭니다. 그러므로 공간을 파악하고 체험하는 것은 정체성을 확립하고 유지하는 데 도움을 줍니다.

CHAPTER

3

벽장의 욕망

전능감의 판타지

더스틴 호프먼 : "여기서 나가고 싶어"

톰 크루즈 : "여긴 좁긴 하지만 안전하다고"

-영화 〈레인맨〉

집은 벽으로 둘러친 공간이 기능에 맞춰 나뉘면서 화장실, 부엌, 거실, 개인 방이라는 기본적 구분을 통해 현대적 집의 모습을 갖추게 되었습니다. 그리고 나아가서 창고, 세탁 공간, 벽장, 리프트, 보일러실, 에어컨실, 온실, 베란다 등 더 세부적으로 분할되고 여러 기능을 갖추면서 진화해 왔습니다.

집 안 공간이 분할되는 것은 집 안에서 수행해야 하는 기능이 다양해졌기 때문입니다. 예전에는 집 외부에 존재하면서 공동으로 사용하던 화장실이나 빨래터가 개별 주택의 내부로 들어왔고, 아파트와 같은 공동 주택은 이런 공간을 표준화시켜 집 안에 배치했습니다.

분할된 집 안 공간은 누군가의 공간이 됩니다. 일반적으론 아빠는 서재, 아이는 자기 공부방, 엄마는 부엌이나 식당을 자신의 공간으로 만들고 싶어 합니다. 자기 물건을 놓아두고 다른 사람이 함부로 들어와서 어지럽히는 것을 싫어합니다.

설계도면처럼 건축적 작업만이 아니라 다른 방법으로도 집 안 공간은 작게 나뉩니다. 옷장을 들여놓으면 옷장의 빈 공간이 만들어지고, 책상을 놓으면 책상 밑의 빈 공간이 만들어집니다. 아이들은 이런 작은 공간에 들어가서 숨바꼭질도 하고, 잠도 자고, 밥도 먹고, 비밀 기지를 만들고, 소꿉놀이를 합니다.

집 안의 나뉜 공간 그리고 자신의 오롯한 공간을 차지하는 것. 이건 어른이든 아이든 모두가 갖고 있는 욕망이 아닐까요.

무한 공간

경쟁 사회

공간은 우리에게 많은 정보를 줍니다. 그래서 공간은 정보기기와는 또 다른 하나의 미디어(매체)로서 역할을 합니다. 집이라는 공간은 이 공간에 사는 사람의 취미 · 성격 · 가족 구성 · 경제적 능력 그리고 사회적 지위까지 여러 가지를 말해 줍니다. 이 공간의 다양한 요소 중, 가장 먼저 우리에게 정보를 주는 것은 무엇보다도 그 공간이 차지하고 있는 규모라고 할 수 있습니다. 넓은 공간을 만나게 되면 주인이 경제적 여유가 있고, 함께 공간을 쓰는 사람이 많고, 답답하고 좁은 것을 싫어하며, 쩨쩨하지 않고 통이 큰 사람이라는 인상을 받게 됩니다. 그러므로 공간에서 어떤 정보를 얻을 때 가장 먼저 '크기'를 보게 됩니다.

우리는 큰 공간을 차지하고 있는 집을 '저택邸宅'이라는 단어로 표현합니다. 저택은 사전적 의미로는 '규모가 아주 큰 집 또는 예전에 왕후나 귀족의 집'입니다. 그리고 흔히 저택 앞에는 '호화로운, 으리으리한'이라는 형용사가 붙기 마련입니다. 큰 집을 때로는 '성城과 같다'거나 '궁전과 같다'고 표현하기도 합니다. 이런 단어는 모두 큰 집은 신분이 높거나 지배 계층만이 가질 수 있는 집이라는 이미지에서 출발합니다. 사회적으로 성공한 사람, 모두가 부러워하는 위치에 있는 사람처럼 복 받은 사람이 사는 곳이라는 이미지인 셈이죠.

집 안 공간도 마찬가지입니다. 아이들은 서로 넓은 방을 쓰려고 다투기도 하고, 아빠도 가장이라는 권위를 내세워 넓은 서재를 쓰고 싶어 합니다. 넓은 부엌과 식당은 전업주부인 엄마가 친구에게 자랑하는 공간이 됩니다.

이렇듯 예로부터 공간의 크기는 사회적 지위와 힘을 표시하는 도구이기도 했습니다. 가끔 뉴스에 어느 지자체의 단체장이 너무 넓은 방을 쓰고 있어서 비판의 대상이 되기도 하는데, 큰 공간이 사회적 우월성 또는 조직에서의 우월성을 상징하기 때문입니다.

공간의 크기가 '작다', '크다'는 각각의 공간을 차지하고 있는 사람이 서열 관계에 있다는 것을 의미합니다. 신입사원은 책상 하나, 과장이 되면 작은 사이드 테이블, 부장이 되면 회의 테이블, 상무가 되면 독립 공간, 전무가 되면 문 달린 방 그리고 사장이 되면 회사에서 제일 큰 방을 사용하는 것도 공간의 크기가 서열을 의미하기 때문이죠. 회사에서의 경쟁은 어찌 보면 넓은 공간을 차지하기 위한 싸움이라고 볼 수도 있습니다.

넓은 공간을 차지하기 위한 경쟁은 회사 내부가 아니라, 국가 차원에서도 마찬가지입니다. '넓은 공간 = 한 국가의 지배와 조정control 범위의 확대'를 의미했기 때문에, 얼마만큼 넓은 영토를 확보하고 있는지가 국가의 힘과 서열을 나타내는 척도로 쓰이기도 했습니다.

넓이가 수평적 개념이라면 수직적 넓이, 즉 높이를 확대하려는 경쟁도 있었습니다. 누가 먼저 높은 탑을 만드는가, 누가 높은 곳에 먼저 올라가는가도 이런 공간의 확대 경쟁에 지나지 않습니다. 냉전 시대에 미국과 소련이 달에 누가 먼저 가는지를 경쟁한 것도 이런 의미로 해석할 수 있습니다.

그럼 무슨 욕구에서 이런 공간 확대 경쟁이 일어났을까요? 공간 연구의 세계적 권위자인 이-푸 투안Yi-Fu Tuan은 《공간과 장소》에서 공간의 확장적 감각은 자유라는 감각과 밀접하게 관련되어 있다고 했습니다.

그에 따르면 넓은 공간은 사람에게 개방 · 자유 · 희망과 같은 기본 정서만이 아니라 자유롭게 움직일 수 있는 좋은 느낌이나 활동성 등의 기분을 느끼게 해 준다고 합니다. 독일 철학자 오토 볼노브Otto Bollnow는 인간의 욕망과 공간의 크기와 관련해, 넓은 공간은 인간이 공간을 정복하려는 욕망을 보일 때 더 이상의 장애물이 전혀 없는, 즉 자유롭게 움직일 수 있는 범위가 개방되어 있다는 것을 의미한다고 했습니다. 다시 말해 넓은 공간은 공간에 대한 확장 욕망이 거침없이 투영된 곳이라는 의미입니다.

따라서 이-푸 투안이 말한 자유란 결국 공간 속을 자유롭게 움직이고, 변화시킬 수 있으며, 이런 자유를 통해 인간은 어딘가에 속해 있지 않은 개방감과 앞으로도 계속 변화시킬 수 있다는 희망을 느낄 수 있다고 해석할 수 있습니다.

이렇게 보면 인간 마음속에는 원초적으로 넓은 공간을 희구하는 욕망이 있다고 할 수 있겠지만, 앞으로 살펴볼 것처럼 단지 넓다는 이유만으로 인간이 추구하는 공간이 될 수는 없습니다. 이는 집이나 건물을 인간이 자신을 외부의 적으로부터 보호할 목적으로 만들었다는 사실에 기인합니다.

넓은 공간은 좋긴 하지만 외부로부터 나를 지키기 위해서는 수비 범위가 너무 넓어져서 한눈에 다 챙겨 볼 수가 없습니다. 허점이 생겨도 금방 수

정하기 힘듭니다. 그리고 무엇보다도 넓은 공간을 내 힘으로 다스리고 있다는 느낌이 점차 옅어집니다. 나이 드신 어머니들이 큰 집보다는 작은 집이 낫다고 하시는 것도, 자신이 다룰 수 있는 공간이 너무 넓으면 힘에 부친다는 것을 말해 줍니다. 그러므로 반드시 넓은 공간이 좁은 공간에 비해 좋다는 것이 정답은 아닙니다.

또 이-푸 투안에 따르면 정상적이고 건강한 사람은 속박과 자유를 동시에 즐기기 때문에, 범위가 한정된 장소와 개방된 공간 모두를 환영한다고 합니다. 하지만 광장공포증이 있는 사람에게 개방된 공간은 자유로운 행동이 가능해서 자기를 확장시킬 수 있는 공간이 아니라, 오히려 자아의 통합을 무너뜨리는 위협이 된다고 보았습니다.

협소하고 과밀한

그래서

불안하고 불쾌한

여러분은 좁은 곳에 들어서면 어떤 느낌이 듭니까? 우선은 갑갑하다는 느낌이 먼저 들 것입니다. 그래서 좁은 공간에 있게 되면 빨리 나가고 싶습니다. 특히 몸을 움츠리기도 어려운 공간이라면 한시라도 있고 싶지 않습니다.

죽음 체험, 임종 체험 프로그램이라는 것이 있습니다. 자신이 죽었다고 생각하고 관 속에 들어가 보는 체험을 하면서, 자신에 대해 그리고 죽음에 대해 생각하는 계기를 만들어 주는 체험입니다. 대부분의 체험 참가자는 관에 들어가 눕는 순간, 엄청난 불안을 느낀다고 합니다. 죽음에 대한 두려움도 있겠지만, 공간적인 면에서 보자면, 살아오면서 관 속이라는 공간만큼 좁은 공간을 체험한 적이 없기 때문입니다.

관은 신체 움직임이 불가능한 공간입니다. 이-푸 투안이 언급했듯이, 몸을 뒤집을 수도 없을 정도로 신체를 움직이는 자유가 허락되지 않는 관 속은 인간에게 불안을 느끼게 합니다. 좁은 공간에서 불안을 느끼는 가장 큰 이유는 단지 공간이 좁다는 이유보다는, 움직임의 자유를 잃어버렸기 때문입니다.

좁은 공간이 가지는 다양한 부정적 이미지는 이뿐이 아닙니다. 우선 좁은 방, 작은 집은 가난을 뜻하거나 무지無知, 무기력無氣力과 같은 이미지를 떠올리게 합니다. 앞서도 말했지만 우리는 사회생활의 경험을 통해 좁은 공간에 사는 사람은 사회경제적 지위가 낮고, 교육 수준도 낮고, 이에 따라 사회 활동도 뒤떨어질 것이라고 연상하는 경향이 있습니다. 이것이 맞느냐 아니냐의 문제는 차치하고, 이런 경향이 있는 것은 인정할 수밖에 없습니다.

이는 '공간의 과밀過密'과도 밀접하게 관련이 있습니다. 인구 과밀이라는 단어에서도 연상되듯이, 일정한 면적에 지나치게 많은 사람이 있다는 것은 왠지 불쾌합니다. 출퇴근 때의 전철을 생각해 보세요. 특히 더운 여름. 사람들과 부딪히는 것은 둘째 치고, 체취, 땀이 난 팔이 맞닿을 때의 촉감, 옴

짝달싹하지 못하는 불편함 등으로 유쾌하지 않은 기분을 느낀 적이 있을 겁니다.

과밀은 또한 빈민가(슬럼)를 연상시킵니다. 영화에서 빈민가는 교육을 받지 못하고, 도덕과 예의를 찾기 힘들고, 비위생적이기까지 해 범죄의 유혹에 빠지기 쉬운 사람들이 사는 곳으로 자주 묘사됩니다. 빈민가에 대한 이런 이미지가 궁금하신 분은 영화 〈슬럼독 밀리어네어〉를 보면 쉽게 이해가 갈 것입니다. 좁은 공간이 갖는 또 다른 부정적 이미지는 물리적 공간만이 아니라, 심리적 여유를 표현하는 단어에서도 나타납니다. '그 사람은 속이 좁다'라는 말은, 다른 사람에 대한 관대함이나 배려가 없고 자기중심적이라는 뜻으로 많이 쓰입니다만, 결국은 심리적 여유를 공간적 지도로 나타낼 경우 그 사람의 공간은 아주 작을 것이라는 이미지에서 생성된 말입니다.

편안한,
나에게 꼭
맞는 듯한

지금까지 좁은 공간이 갖는 부정적 이미지를 살펴보았지만 실은 좁은 공간의 긍정적 이미지도 분명히 있습니다.

우리는 신이나 옷이나 모자 등을 고를 때 될 수 있으면 나에게 꼭 맞는 것을 고릅니다. 꼭 맞는다는 말에는 '잘 어울린다' 이외에도 '신체 크기에 딱 맞는다'는 뜻이 있습니다. 그리고 꼭 맞는다는 것은 다른 사람에게 안 맞는, 나만의 것이라는 뜻에서 자기 정체성을 표현하는 말이기도 합니다. 넓은 공간은 아무래도 자신에게 꼭 맞지는 않지만, 좁은 공간은 자신에게 꼭 맞을 수 있습니다.

아이들이 책상 밑이나 종이 박스처럼 좁은 공간에 들어가서 놀려고 하는 모습을 보면 납득이 갈 것입니다. 이때가 서서히 주변 환경과 자신이 분리되어 있음을 인식하고 자신의 정체성을 형성해 나가는 출발점이기 때문입니다.

좁은 공간은 인간의 신체 움직임을 제한하기도 하지만, 반대로 그 공간이 나의 신체, 행동범위뿐만 아니라 손을 뻗으면 닿을 것 같은 감각 면에서 내가 생각대로 할 수 있는, 그래서 내 마음대로 즉시 공간을 지배할 수 있다는 느낌을 줍니다. 이는 넓은 공간이 주는 자유와는 다른 '확실한 점유의 기분'입니다. '이 공간은 나만의 것'이라는 점유의 기분은 그 공간에 있을 때 편안하고 아늑한 기분을 느끼게 해 줍니다.

이-푸 투안도 공간을 지각하는 데는 촉각 · 시각 · 후각 등의 감각이 중요하다고 보고, 사람들은 이 감각에 따른 공간에 특별한 의미를 부여하며 자신의 장소를 인식한다고 했습니다. 특히 촉각과 시각을 인간이 공간을 이해하고 구조화하는 가장 밀접한 감각이라고 보았습니다.

몰과 로머는《공간의 심리학》에서 인간이 자신이 누구인지를 증명하는 수단으로 공간을 이용할 경우, 가장 기본적인 정체성의 표현은 자신의 몸

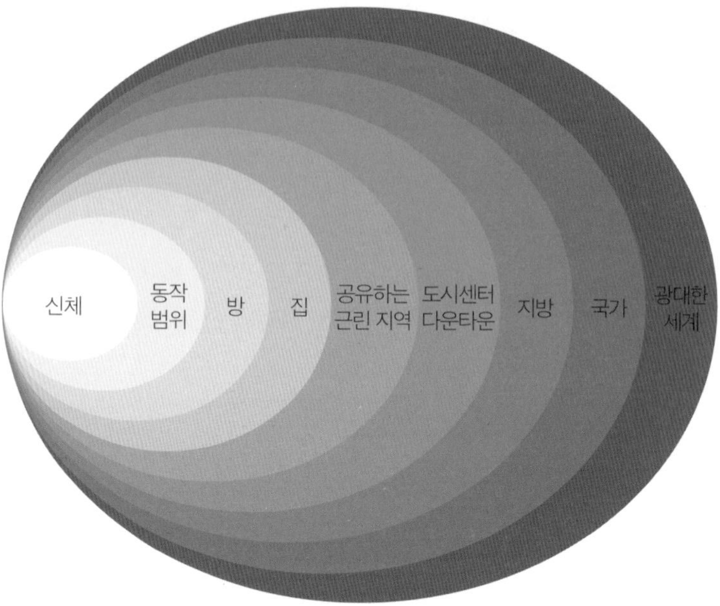

몰과 로머가 제시한, 신체를 출발점으로 하는 존재 증명의 공간적 확장.

(신체)과 몸이 움직이는 동작 범위에서 시작해, 점차 넓은 공간을 이용하면서 확장되어 간다고 보았습니다.

그들은 좁은 공간이 지나치게 좁아 불편하지만 않다면, 어느 정도 우리에게 안심 · 안전 · 편안함과 같은 긍정적인 기분을 만들어 준다고 보았습니다. 여러 사람이 들어갈 수 없는 좁은 공간에 자발적으로 들어가게 될 때 우리는 가능한 한 불편함이나 불쾌감을 느끼지 않는 사람과 같이 들어가려 합니다. 좁은 공간에 들어서면 번잡한 인간관계를 벗어나 타인의 시각으로부터 격리되어 개방된 공간에서 느끼는 자유로움과는 다른 자유로움을 느낄 수 있기 때문이죠. 이러한 관계성과 시각적 연결의 단절은 안전과 안심을 느끼게 해 주기도 합니다.

좁은 공간은 포근하다는 느낌을 주기도 합니다. 이는 어린 시절 엄마 품에 안겨 있던 원초적 이미지에서 발생했다고 할 수 있습니다. 엄마와 아기는 서로 틈이 없이 '꼭 맞게' 서로를 밀착해 스킨십을 합니다. 일부 학자는 좁은 공간에서 느끼는 긍정적 이미지를, 태아로 돌아가고자 하는 욕구, 즉 가장 편안하고 안전하고 항상 영양이 공급되던 자궁으로의 회귀에서 비롯한다고 설명하기도 합니다.

꿈꿀 수 있고 도망갈 수 있는 벽장

좁은 공간이 욕망과 정체성을 투영하는 공간으로 어떻게 영화의 공간으로 활용되는지를 분석하기 위해 살펴볼 영화는, 이누도 잇신 감독의 〈조제, 호랑이 그리고 물고기들〉입니다. 이 작품은 2003년 일본에서 제작된 작품으로 국내에서는 2004년 단관에서 개봉되어 짧은 기간 상영했는데, 예상외의 호응에 힘입어 몇 년 뒤 다시 재개봉된 이례적 작품입니다.

대략적인 전반부 이야기는 다음과 같습니다.

주인공 조제(이케와키 치즈루 분)는 앉아서 생활해야 하는 하반신 장애가 있는 스무 살 안팎의 여성입니다. 그녀는 자신을 돌봐 주는 할머니와 같이 삽니다. 유모차를 타고 담요를 덮어 쓰고 꼭꼭 숨어 산보를 할 정도로 외부와의 관계를 차단하고 살고 있는 조제와 할머니. 대학생 쓰네오(쓰마부키 사토시 분)는 어느 날 유모차가 비탈길을 굴러 내려오는 것을 보고 도와주다가 이를 계기로 조제의 집에서 밥을 얻어먹는다는 핑계로 자주 들르게 됩니다. 그러면서 왠지 모르게 조제에게 관심을 갖는 쓰네오. 조제도 쓰네오에게 자신을 드러내 놓기 시작합니다.

조제가 살고 있는 집은 오래되어서 일본의 전통 가옥이라면 어느 곳에나 있는 벽장이 있습니다. 벽장은 상단과 하단으로 나뉘는데, 보통은 이불이나 잡동사니를 수납하는 공간으로 쓰입니다.

벽장을 중심으로 살고 있는 조제

쓰네오의 방문 첫날 벽장 문 앞에서 경계를 풀지 않는 조제(위)와
벽장에 들어가 책을 읽는 조제를 보는 쓰네오(아래).

영화에서 이 벽장 아랫단은 조제가 좋아하는 책을 쌓아 놓는 공간이기도 하고 들어가서 읽기도 하는 아늑한 공간입니다. 조제는 책을 모으고 읽는 일을 가장 좋아합니다. 벽장에는 작고 은은한 불빛의 스탠드가 있습니다. 조제는 이곳에서 바깥세상 소식을 접하고 자기만의 상상 세계에 빠지기도 합니다. 그래서 쓰네오가 조제에게 주는 첫 선물도 책입니다.

영화 속 벽장은 아주 좁은 공간이라 한 사람이 들어가서 누우면 딱 맞습니다. 일본에서는 아이들이 놀이터 삼아 들어가는 곳입니다. 벽장 속에서 조제는 밖에서와는 다르게 아주 편안하고 생기 있는 모습을 보여 줍니다.

영화 중반부에 사회복지에 관심이 있는 쓰네오의 여자 친구는 조제의 이야기를 듣고 조제의 집을 견학차 방문합니다. 벽장 안에서 엎드려 그녀를 바라보는 조제. 그러곤 이내 벽장문을 닫아 버립니다. 이날 이후 조제는 쓰네오의 존재가 자신이 꿈꿔서는 안 되는 꿈을 꾸게 해 준다는 사실을 알고 그가 집에 찾아오자 문도 열어 주지 않고 화를 내며, 쓰네오는 쓰네오대로 할머니의 사망 소식을 듣게 될 때까지 취직 준비로 바빠서 한 번도 조제를 찾아오지 않습니다.

벽장은 성인에게는 좁습니다. 사실 하반신이 불편하다고 해도 상반신을 자유롭게 쓸 수 있고, 집에서는 자유롭게 움직이는 조제의 모습을 보면, 조제에게도 좁은 공간이라고 할 수 있습니다. 하지만 벽장은 마치 요새처럼 책으로 둘러싸여 있습니다. 전반부에 조제가 등장하는 장면은 잠깐의 부엌 요리 장면 이외에는 대부분이 벽장문에 걸터앉거나 안에 들어가 있는 모습입니다.

벽장은 문을 닫으면 외부 세계와 차단될 수 있는, 그래서 불쾌하거나 위험한 일이 생겼을 때 도망쳐 들어갈 수 있는 대피소입니다. 또한 동시에 조제가 자신의 핸디캡을 잠시 잊고 자유로운 자신을 꿈꾸는 공간으로 표현됩니다.

안에도 밖에도 한가득 쌓여 있는 책은 현재 자신의 모습, 즉 자신의 정체성을 잊게 해 주는 도구이면서 그 자체가 하나의 공간을 만들어 내기도 합니다. 그러므로 조제에게 벽장은 꿈을 꾸게 해 주는 안락하고 비현실적 공간이 되면서, 현실에서의 자신의 모습, 또는 외부의 관계로부터 도망갈 수 있는 공간이 되기도 합니다.

호랑이, 물고기,
조제의 공통점

〈박쥐〉에서도 살펴봤지만, 영화의 제목은 몇 단어로 영화의 내용을 상징하는 수단이 됩니다. 〈조제, 호랑이 그리고 물고기들〉도 마찬가지입니다.

우선 조제는 극중 여주인공의 이름이 아니라 스스로가 붙인 애칭입니다. 본명은 쿠미코지만 쓰네오가 이름을 물어봤을 때, 자기가 좋아하는 프랑스 소설가 프랑수아즈 사강Francoise Sagan(본명은 프랑수아즈 쿠아레Francoise

Quoirez)의 소설《한 달 후, 일 년 후》와 희곡《신기한 구름》의 여주인공 이름인 '조제'라고 대답합니다.

소설 속에서 조제는 영원한 사랑의 덧없음을 아는 프랑스의 자유분방한 여성입니다. 영화에서 조제는 현실의 자신이 아닌, 모든 속박과 구속에서 벗어난 자유분방함을 동경하며 소설 속 조제처럼 되고 싶어 합니다.

호랑이는 남자 친구가 생기면 가 보고 싶다고 말한 동물원에 가서 조제와 쓰네오가 만나는 동물입니다. 그리고 물고기들은 시장에 있는 생선이 아니라, 조제가 보고 싶어 하는 수족관에 있는 물고기를 말합니다. 마지막 여행을 떠났을 때, 수족관 문이 닫혀 결국 조제는 물고기를 보지 못합니다. 이때 조제가 소리칩니다. "물고기라면 너희들이 헤엄쳐 나와야 하는 거 아냐!"라고요.

호랑이가 있는 동물원의 우리, 물고기가 헤엄치는 수조는 모두 좁은, 갇힌, 그래서 그 안에 있는 누군가를 속박하는 공간입니다. 호랑이는 산속으로, 물고기들은 바다로 가고 싶지만 갈 수 없습니다. 그것이 주어진 공간, 즉 속박과 제한에서 살아야 하는 생명들의 현실이기 때문이죠.

조제도 마찬가지입니다. 자기 몸도 불편하기 때문에, 이로 인해 마음의 병이 있기 때문에 신체적으로, 심리적으로 속박과 제한 속에서 살아가고 있습니다.

이렇게 보면 공간적 의미에서는 '조제=호랑이=물고기들'은 결국은 같은 상황을 의미하는 생물을 나열한다고 할 수 있습니다. 문제는 이들이 현실을 인정하지 않고 끊임없이 꿈만 꾼다면 영원히 스스로를 자유롭게 할 수 없다는 것이죠. 그래서 우선은 현실을 직시하고 이를 인정하고, 현실의 범위에서 자기 자유를 스스로 만들어 나가지 않으면 안 됩니다. 이 과정이 영화 후반부의 내용입니다.

현실과
직면하는
바닷속 공간

영화의 후반부. 쓰네오는 조제를 데리고 제사를 지내러 부모님 댁에 갑니다. 결혼한다는 말을 하려고 한 마음은 출발일이 가까워지면서 조금씩 흔들리고, 수족관 · 휴게소 등을 들르는 도중에 쓰네오는 몸이 불편한 조제와의 미래를 현실적으로 생각하기 시작합니다. 현실의 벽에 부딪혔다는 걸 직감한 탓일까요, 둘은 부모님 댁에 가기를 포기하고 도중에 바닷가 모텔에서 하룻밤을 지냅니다. 커다란 조개껍질 침대가 놓여 있는 모텔 방은 마치 바닷속에 있는 조제를 데려다 놓은 분위기를 연출합니다.

조제는 잠이 들려는 쓰네오 옆에서 다음과 같은 독백을 합니다.

깊고 깊은 바닷속. 난 거기서 헤엄쳐 나왔어. 그곳은 빛도 소리도 없고 바람도 안 불고 비도 안 와. 정적만이 있을 뿐이지. 하지만 별로 외롭지도 않아.

처음부터 아무것도 없었으니까. 그냥 천천히, 천천히 시간이 흐를 뿐이지. 난 두 번 다시 거기로 돌아가진 못할 거야. 언젠가 네가 사라지고 나면 난 길 잃은 조개껍질처럼 혼자 깊은 해저에서 데굴데굴 굴러다니겠지. 그것도 그런대로 나쁘진 않을 거야.

이 모텔 방은 깊은 바닷속을 그대로 보여 줍니다. 어둡고 희망도 없고 자극도 없는 그저 시간만 흘러가는 바닷속 같던 생활은 지금까지 조제가 보내던 나날입니다. 하지만 쓰네오와 만나 그 시간들이 바뀌었고, 이제 다신 그런 나날로 돌아갈 수 없음을 깨닫습니다. 그리고 조제는 쓰네오가 언젠가 자신을 떠나겠지만 자신은 쓰네오와 함께 바닷속을 벗어날 수 없다는 것을 알고 있습니다.

이렇게 조제가 생각하는 건 생활이 아니라 공간 문제입니다. 자신의 출발은 바닷속이고 결국은 바닷속을 벗어날 수 없다는 것입니다. 하지만 이전까지 자신에게 아무 의미도 없던 바닷속이 아니라 새로운 의미를 지닌 바닷속이 되었으므로, 그곳에서 사는 것은 달라진 거라고. 그래서 괜찮다고 스스로 위로합니다.

여행에서 돌아온 얼마 후 쓰네오는 조제의 곁을 떠납니다. 조제는 이전까지는 쓰네오가 사자고 했을 때는 항상 반대하던 휠체어, 그것도 혼자서 운전할 수 있는 전동 휠체어를 타고 큰길로 나갑니다. 그 뒷모습은 마치 이제 홀로서기를 할 수 있는, 좁은 수조를 벗어난 물고기 같습니다.

조제와 쓰네오가 바닷가에서 묵게 된 모텔의 방
조개껍질 침대에 푸른색 배경 그리고 물고기 영상이 비추는 조명.

결말을 알고 나면 모텔 방의 바닷속 분위기가 조제의 마음을 상징한다고 쉽게 짐작할 수 있습니다. 조제가 수족관이 휴관이라서 들어갈 수 없었을 때 소리쳤던 대사, '헤엄쳐 나와 봐!'라는 말은 결국은 자기 자신에게 들려주는 외침입니다.

조제는 쓰네오와 지내면서, 물고기가 수조에서 나가겠다고 꿈만 꾸는 것보다는 우선 현실을 직시하고 이 현실에서 자기가 할 수 있는 부분을 해 나가는 것이 중요하다고 깨닫습니다. 현재 해야 하고, 할 수 있는 것을 하는 것이 자신을 성장시킨다는 사실을 알게 된 거죠. 조제는 쓰네오와 헤어지면서 그를 통해 꿈만 꾸는 자신을 벗어날 수 있었기 때문입니다.

꿈을 꾸면서 현실로부터 도피해서 안주하던 벽장 그리고 쓰네오와의 만남, 자신의 마음인 바닷속에 들어가 현실을 바라보고 자신을 되돌아본 계기가 되어 준 여행. 조제는 이제 꿈만 꾸는 이상한 아이에서 현실을 살아가는 장애를 가진 사람으로 변화합니다. 장애는 더 이상 그녀에게 세상을 멀리하고 스스로 움츠릴 수밖에 없는 이유가 되지 못합니다.

마지막 장면에서 쓰네오가 떠나고 잘 정리된 방이 비춰집니다. 벽장의 문은 닫혀 있고, 더 이상은 열리지 않을 것처럼 보입니다. 영화 전반부에서는 열려 있던 벽장문이 닫혀 있다는 것은 더 이상 조제가 벽장을 필요로 하지 않음을 말해 줍니다. 아마 조제에게는 모텔 방과 같은 공간도 이제는 필요하지 않을 것입니다. 이제는 더 넓은 세상에서 자신을 바라볼 수 있게 되었으니까 말입니다.

〈섬〉은 자궁 회귀적 욕망

양가감정ambivalence은 보통 한 대상에 대해 반대의 감정이 공존하는 상태를 말합니다. 예를 들어 어떤 사람에게 사랑과 동시에 증오를 느끼거나, 어떤 국가에 대해 좋다는 느낌과 싫다는 느낌을 동시에 갖고 있는 경우가 바로 그렇습니다.

좁은 공간은, 앞서 말했듯이 부정적 이미지와 긍정적 이미지를 동시에 갖는 공간입니다. 불편하고 열등하다는 느낌과 편안하고 안전하다는 느낌. 마치 양가감정이 그렇듯이, 일반적으로는 서로 공존하기 어려운 이미지를 느끼게 하죠. 이런 측면에서 영화 〈섬〉과 〈패닉룸〉의 공간은 공통성을 갖고 있습니다. 물론 영화의 제목이 특정한 공간을 나타낸다는 일차원적 공통성을 포함해서 말이죠.

〈섬〉은 김기덕 감독의 2000년도 작품입니다. 묘사가 조금 잔혹하고 선정적 부분이 있어 관객의 호불호가 갈리는 영화입니다만, 공간으로 캐릭터의 내면 심리와 상황을 상징적으로 표현하는 데는 탁월한 영화라 할 수 있습니다.

숲 속을 한참 들어와야 있는 낚시터 '섬'을 관리하는 희진(서정 분)은 낮에는 낚시꾼에게 음식을 팔고 밤에는 성욕에 굶주린 낚시꾼에게 몸을 팔며 생활하는 여자로, 무슨 사연이 있는지 벙어리처럼 한마디 말도 하지 않

넓은 낚시터 '섬'의 개별 낚시방
하나하나가 작은 섬처럼 떠 있으며 배로만 왕래할 수 있다.

습니다. 어느 날 다른 남자와 사랑에 빠진 애인을 살해하고 도망친 전직 경찰관 현식(김유석 분)이 낚시터로 찾아오고, 죄책감에 시달리던 현식의 자살을 희진이 막으면서 두 사람의 관계가 발전합니다. 그리고 수배자를 찾아 낚시터로 들이닥친 형사를 희진이 기지를 발휘해 따돌리면서 두 사람은 행복한 시간을 보내지만, 낚시터에 갇힌 고립감과 희진의 집착을 견디지 못하고 현식은 '섬'을 탈출하려 합니다.

낚시터는 바깥세상과 단절되어 있습니다. 숲을 한참 들어와야 있는 곳입니다. 일상을 벗어나야 갈 수 있는 숲이 지니는 불안하고 음험하고 고독한 세계를 연상시킵니다. 아침 안개가 피어오르는 낚시터는 아름다움과 함께 불안을 느끼게 해 줍니다. 이 낚시터에는 개인이 사용하는 방이 호수 위에 듬성듬성 만들어져 있습니다. 방은 한 사람이 누워서 지낼 정도로 좁은 공간입니다.

영화에 등장하는 낚시터의 좁은 공간은 모든 감정을 다 지니고 있습니다. 좁다는 불편함, 하지만 따로 분리되어 있으며 세상과 격리되어 있다는 고독감과 상응하는 편안함이나 안전감은 물론이고, 공간이 좁기 때문에 나의 행동과 감정이 그대로 자신에게 전달되는 민감함과 불안감도 극명히 보여 줍니다. 영화의 가장 인상적인 장면이라고 할, 낚싯바늘을 자신의 입에 집어넣는 등의 현식과 희진의 자해 행동은 바로 이런 복합 감정의 결과라 할 수 있습니다.

영화 〈섬〉은 넓은 전체의 낚시터와 좁은 개별 공간을 동시에 활용하면서 좁은 공간이 지니는 이중적 의미를 보여 줍니다. 그리고 결과적으로 이 '섬'을 떠날 수 없는 현식과 희진의 모습을 보여 주면서 결말을 맞이합니다.

일부에서는 여성으로 상징되는 '섬'을 남성은 영원히 떠날 수 없다는 것을 상징적으로 그렸다고 해석하는데, 공간적으로 보아도 어느 정도 타당한 해석입니다.

좁은 공간은 오래된 공간을 뜻하기도 합니다. 어린아이는 어른이 좁아서 들어가지 못하는 곳도 들어갈 수 있습니다. 갓난아이로, 아니 이전으로 거슬러 가면 엄마 배 속처럼 아주 좁은 공간에서 우리는 편안하고 느긋한 시간을 보냈을 것입니다. 좁은 공간에는 어린 시절의 향수가 묻어 있기 때문에 어쩌면 포근하고 그립다는 생각이 드는지도 모르겠습니다. 그래서 좁은 공간의 근간을 어머니의 자궁으로 해석하기도 합니다. 따라서 〈섬〉에서 보여 주는 좁은 공간 자체가 궁극적 여성성인 어머니의 자궁을 표현한다고 할 수 있으며, 그런 의미에서는 인간의 자궁 회귀 욕망을 표현하는 영화라고도 할 수 있습니다.

〈패닉룸〉은 돌변하는 좁은 공간

데이비드 핀처가 감독하고 조디 포스터가 주연을 맡은 2002

년 영화 〈패닉룸〉은 좁은 공간이 지니는 안전하고 편안하면서 갇힌 공간에서 오는 고독과 불안을 극단적으로 보여 주는 대표적 영화입니다.

패닉룸은 '외부와는 완벽하게 차단된 안전한 공간'을 말합니다. 영화에서 사건은 뉴욕 맨해튼의 고급 주택으로 이사 오게 된 맥(조디 포스터 분)이 당뇨병을 앓고 있는 딸과 함께 이사 첫날 밤, 집에 침입한 도둑들을 피해 집에 있는 패닉룸에 들어가면서 시작됩니다.

도둑들도 패닉룸 안에 있는 거액의 돈을 훔칠 목적이기 때문에, 맥과 딸은 패닉룸에 갇혀 나올 수 없게 됩니다. 하지만 약을 투여하지 않으면 딸의 목숨이 위험해지자 맥은 과감하게 패닉룸을 나와서 약을 찾습니다. 이 과정에서 영화는 시종일관 안전을 보장하는 공간이 얼마나 위험한 공간으로 변하는지를 보여 줍니다.

영화 속에서 패닉룸 자체는 그다지 좁은 공간이 아닙니다. 그 안에는 CCTV에 연결된 수많은 모니터, 자체 환기 시스템, 물과 비상약, 모포 등 생존을 위한 필수품이 구비되어 있을 정도입니다. 그리고 두 사람이 들어가도 여유가 있을 정도의 공간입니다. 조제의 벽장에 비하면 패닉룸은 거실처럼 느껴질 정도입니다. 그런데 맥과 딸은 갇힌 상태에서 이런 대화를 나눕니다.

딸 : "너무 좁지 않아?"

맥 : "아니."

딸 : "사람이 산 채로 묻히지는 않는대. 오래전부터 그래 왔대."

패닉룸에 갇힌 순간, 맥보다는 딸이 더 침착한 모습을 보입니다. 그래서 딸은 엄마가 너무 흥분하지 않을까 걱정합니다. 두 사람은 무의식적으로 패닉룸이 좁은 공간이라고 느끼고 있습니다. 맥은 마음을 냉정하게 가지려 '아니'라고 대답할 뿐입니다. 이에 반해 딸은 이런 공간에 머무는 것은 죽음을 연상시킨다고 이야기합니다. 좁은 공간은 죽어서 들어가는 관을 연상시키고 관은 죽음과 연결되기 때문에, 딸은 엄마를 진정시키기 위해 '우리는 아직 살아 있기 때문에 이 공간이 관이 되지는 않을 거야'라고 말하는 것입니다.

패닉룸이라는 폐쇄적이고 좁은 공간은 이처럼 극단적으로 안전한 공간인 동시에, 극단적으로 불안한 공간임을 보여 줍니다. 패닉룸이 맥의 정체성 자체를 투영하는 공간은 아니지만, 그 공간 자체의 상징을 잘 표현한 공간임에는 틀림없습니다.

슈퍼파워를 느끼는 좁은 공간

어느 날 밤 늑대 옷을 입고 장난치던 맥스는 엄마에게 벌을 받아 저녁도 못 먹고 방에 갇히게 됩니다. 그런데 어두워진 방이 밀림과 강으로 변하고, 맥스는 배를 타고 괴물들의 나라로 가서 왕이 되어서 재미있게 놉니다. 그렇게 한참을 놀던 맥스는 문득 맛있는 음식 냄새를 맡고는 다시 배를 타고 돌아옵니다. 기다리고 있던 것은 엄마가 차려 놓은 저녁 식사였습니다.

그림책 명작으로 평가받는 모리스 샌닥Maurice Sendak의 《괴물들이 사는 나라》의 간략한 내용입니다. 이 책은 1963년 출간되어 전 세계적으로 약 2000만 부 이상 팔렸고, 인기에 힘입어 2009년 영화화되기도 했습니다.

어른이 읽어도 재미있는 동화로 꼽히는 이 이야기가 매력적인 이유는 결말이 따뜻한 가족애로 끝나서가 아닙니다. 바로 이 이야기를 접하는 모든 사람이 다락방 · 벽장 · 옷장 · 자기 방 또는 나오지 못하게 나무로 벽이 세워진 아기 침대 같은 '좁은 공간에 갇히는 벌'을 받아 본 기억이 있고, 또 이 좁은 공간에 갇혀 있는 동안 '많은 상상을 했던 경험'을 갖고 있다는 점입니다.

자기 방에 갇힌 말썽꾸러기 맥스는 처음에는 화가 나지만 곧 상상 속에 빠져 괴물이 사는 나라의 왕이 되어 행복한 시간을 보냅니다. 맥스의 상상이란 자기가 통제를 받는 현실을 떠나, 자기 마음대로 할 수 있는 세상을 맛보는 일입니다. 이처럼 자기 마음대로 할 수 있는 느낌을 '전능감全能感, omnipotence'이라고 합니다.

우리는 어머니의 자궁 속에서 우선 전능감을 느낍니다. 배고플 때 언제든 먹을 수 있고, 졸리면 잘 수 있고, 뭔가 자신에게 필요한 것이 있으면 신호를 보내 어머니로부터 얻어 낼 수 있습니다. 태어난 아기도 잠시간은 전능감을 만끽합니다. 필요한 것은 울음으로 손에 넣을 수 있습니다. 울면 엄마나 보호자가 와서 뭐든 다 해 줍니다. 하지만 뭐든 원하면 다 손에 넣을 수 있을 것 같은 어린 시절은 그렇게 길지 않습니다. 아이가 말을 하고 돌아다니기 시작하면 부모나 어른으로부터 하고 싶은 것을 방해받거나 심지어 벌을 받기도 합니다.

전능감을 느끼는 시간이 길지 않기 때문에 우리는 어머니 자궁 속이나 갓난아이 시절의 전능감을 느끼고 싶어 합니다. 따라서 심리학에서 말하는 회귀나 퇴화라는 단어는 전능감을 다시 한 번 맛보고 싶어 하는 욕망의 결과라고 할 수 있습니다.

전능감을 맛보기 위해서는 현실과 철저히 차단되어야 합니다. 현실을 의식하면 통제 불가능한 현실 상황을 떠올리게 됩니다. 벌을 받는 상황은 현실을 외면하고 싶은 마음을 자극합니다. 현실을 부정하고 자신이 현실을 통제하고 싶은 마음을 크게 합니다. 이 마음은 상상력을 발휘하게 하고, 특히 혼자 어두운 방에 있으면 상상밖에는 할 것이 없습니다.

좁은 공간에 강제로 놓이게 되면 인간은 상상을 합니다. 죽음 체험도 같은 경우입니다. 이때 상상은 두 가지 방향성을 갖습니다. 하나는 두려움입니다. 어둠 속에서 무엇인가가 나타날 것 같은 부정적 상상입니다. 또 하나는 전능감, 초월감 같은 긍정적 상상입니다. 현실을 극복하고 멋지고 괜찮은 자신을 상상하는 거죠.

좁은 공간의 이 전능감의 판타지는 〈나니아 연대기〉 시리즈에도 등장합니다. C. S. 루이스Clive Staples Lewis의 원작 소설을 영화화한 나니아 연대기 1편인 〈나니아 연대기 - 사자, 마녀 그리고 옷장〉에서 2차 세계대전의 화마를 피해 지인의 별장으로 피란을 간 아이들은 숨바꼭질을 하다가 우연히 들어간 옷장을 통해 판타지 세상으로 들어갑니다.

아이들에게 전쟁과 피란은 우울하고 불안하며 벗어나고 싶은 현실입니다. 아이들은 벗어날 수 없이 강제로 구속되는 별장에서 상상력으로 재미를 만들어 낼 수밖에 없습니다. 이때 그들의 상상을 눈앞에 구현해 주는 도구가 바로 숨바꼭질을 위해 들어간 좁은 공간인 옷장입니다. 아이들은 옷장을 통해 판타지 세상으로 들어가고 자신이 가진 능력을 발휘하면서 전능감을 맛봅니다.

Start Line인 동시에 Goal

인간의 마음은 심리적 불쾌, 불편을 감소시켜 평상시와 같이 평정 상태를 유지하기 위해 스스로 다양한 방법을 시도해 목적을 달성합니다. 이를 심리적 항상성homeostasis이라고 합니다. 《이솝우화》에서 늑대가 너무 높아 따먹지 못하는 포도를 바라보면서 '저건 너무 신 포도라서 어차피 못 먹을 거야'라고 하는 자기합리화도, 노력했는데 이루지 못한 불편한 심리 상태를 다스리려는 마음의 몸부림입니다. 전능감은 바로 좁은 공간에 있어야 하는 불안, 갑갑함, 불쾌와 같은 부정적 심리 상태를 만회하고자 인간이 스스로 만들어 내는 상상의 산물입니다. 전능감을 통해 심리적 안전과 안정을 회복하는 것이죠. 좁은 공간에서 자신의 신체 범위에 해당하는 모든 것은 자기가 다 통제할 수 있으니, 외부적 상황만은 상상력을 통해 통제하고 싶다는 전능감의 욕망을 불러일으킵니다.

지금까지 살펴본 것처럼 좁은 공간은 인간에게 주어진 가장 기본적이고 오래된 공간인 동시에, 또한 인간이 모두 최종적으로 도달하는 공간입니다. 어머니의 자궁이라는 좁은 공간이 첫 시작인 스타트 라인이라고 한다면, 죽음으로 맞이하는 마지막 공간인 관은 생명의 마지막 골이기 때문입니다.

탄생과 죽음의 상징 공간이란 이유로 좁은 공간은 양가감정적일 수밖에 없습니다. 특히 현대의 도시 공간에서 개방적이고 노출된 공간에 지친 우리는 각자 자기 집으로 돌아가서 자기 방에 안주하고 싶어 합니다. 그 방이 넓든 좁든, 우리가 바깥에서 생활하던 드넓은 공간에 비하면 좁은 공간입니다. 공간은 상대적 규모로 인식됩니다. 지금처럼 자동차나 비행기로 이동할 수 있는 시대에는, 자신만의 개인 공간인 방도 아주 좁은 공간일 수 있습니다.

하지만 그 방에서 계속 지내면 우리는 다시 불안하고 단절되고 불편한 느낌을 갖게 됩니다. 그래서 다시 방문을 열고 밖으로 나갑니다. 그리고 밤이 되면 다시 안락과 편안을 얻기 위해 방으로 들어옵니다. 인생의 최종 골에 다다르기 전까지 우리는 이 행위를 반복합니다.

그래서 지친 몸을 이끌고 세상의 최소 단위인 자기 방으로 돌아올 때마다, '오늘 하루 그래도 잘 보냈다'는 안도와 함께, 내일은 또 어떤 시작과 끝이 있는지를 되묻게 됩니다.

칼럼 3 : 자아의 확대 개념과 개인 공간

공간의 미디어 기능을 이해했다면 개인의 정체성이 오롯이 투영되는 개인 공간을 잠깐 이해하고 넘어가도록 합시다. 이는 이후 영화 속 공간을 분석하기 위해 선택된 개인 공간의 이해와도 연결됩니다.

개인 공간은 한 사람 한 사람의 개인이 자기만 확보하고 있다고 생각하는 공간, 즉 자기만의 것으로 인식하는 점유 공간을 말합니다. 개인 공간은 크게 둘로 나뉩니다.

누가 보아도 자기만의 개인 공간으로는 자기의 방이나 집이 있습니다. 이 공간은 내가 주인이며 내 허락이 없으면 다른 사람이 들어올 수 없습니다. 하지만 또 다른 개인 공간도 있습니다. 우리가 길을 걸으면서 너무 가깝게 사람이 다가오면 불쾌하게 생각하거나, 공원 벤치에 앉아 있는데 너무 가깝게 옆에 앉으려고 하는 사람이 있으면 언짢아지는 것은, 내가 차지하고 있는 점유 공간 안에 타인이 침입했다는 기분이 들기 때문이다.

미국의 철학자이며 심리학자인 윌리엄 제임스William James는 "인간은 자신과 관련이 있는 대상까지 자기 자신이 확대되었다고 느낀다"라고 말했습니다. 예를 들어 우리는 차를 운전하고 있으면 차체가 자기 몸의 경계처럼 느낍니다. 이처럼 사람은 자기 방을 자기 자신의 확대로 느끼고 있기 때문에, 들어올 때에는 노크를 하도록 요구합니다. 또한 방 안에 있는 물건도 다른 사람이 마음대로 사용하지 못하도록 합니다.

다시 말해 개인 공간은 우리의 신체를 넘어서, 비물질적 공간에까지 자아가 확대되는 현상에서 발생한 공간개념이라고 말할 수 있습니다.

개인 공간과 관련된 재미있는 연구를 소개하겠습니다. 공동 화장실에 들어온 남성이 입구에서부터 몇 번째 변기에서 일을 보는지를 관찰하는 연구입니다. 아래 그림에서 만일 여러분이라면 몇 번의 변기에서 일을 보시겠습니까?

1970년대 유사한 연구가 몇 차례 있었지만 모든 조사 결과에 따르면 입구에서 가장 멀리 떨어진 5번 변기를 가장 선호(?)하고, 입구에서 가장

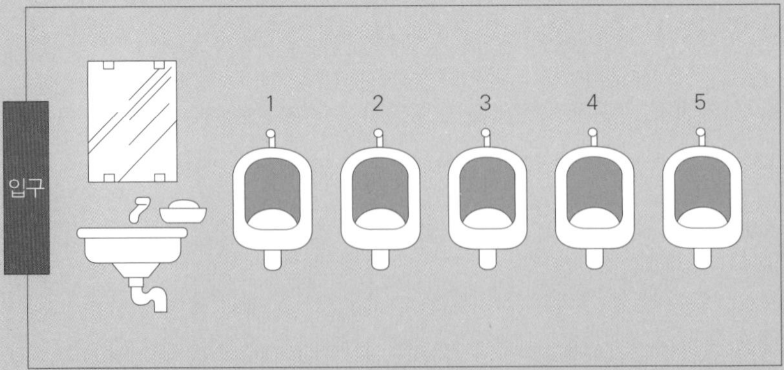

남성들이 가장 많이 선택한 변기는 과연 몇 번일까요?

가까운 1번 변기는 사용하려 들지 않는다는 결과가 나왔습니다. 이 결과는 자신의 개인 공간을 침해받지 않으려는 심리에서, 보통 입구에 세면대가 있기 때문에 입구 근처의 변기는 기피하는 경향이 있다고 해석됩니다.

재미있는 것은 1번 변기 다음으로 4번 변기를 사용하고 싶어 하지 않았는데, 그 이유를 연구자들은 5번 변기를 가장 선호하기 때문에 바로 옆의 4번 변기를 사용하게 될 경우 누군가 옆에 올 확률이 높다는 것을 알고 있기 때문이라고 보았습니다. 또 다른 실험에서는 화장실에서 일을 보고 있을 때 누군가 옆의 변기를 사용하는 경우, 화장실을 혼자 사용하거나 하나 건너 변기를 사용하는 사람이 있을 때보다 배뇨를 시작하는 시간이 오래 걸리고, 일단 배뇨가 시작되면 빨리 끝난다는 결과가 나왔습니다. 오래전 연구지만 아마도 이 글을 읽으시는 분이 남성이라면 고개를 끄덕이고 있을지도 모르겠습니다.

CHAPTER

4

계단의 욕망

되돌아 내려오는 완결성

날개야 다시 돋아라. 날자, 날자, 날자, 한 번만 더 날자꾸나.

한 번만 더 날아 보자꾸나.

-이상의 〈날개〉

계단은 우리 주변에서 쉽게 찾아볼 수 있습니다. 아파트를 나서고, 육교를 건너고, 지하철을 타고, 카페에 가고, 사무실이나 학교에 가도 계단과 만날 수 있습니다. 계단을 한 단 한 단 밟으면서 우리는 위를 바라봅니다. 왜냐하면 계단은 위로 오르기 위해 만들어진 구조물이니까요.

인간은 자신의 공간을 넓히는 데 아주 오랜 옛날부터 경쟁적으로 달려들었습니다. 처음에는 넓은 땅을 확보해 면적을 넓혔겠죠. 하지만 얼마 지나지 않아 이런 수평적 확장보다 수직적 확장이 더 효과적일 수도 있다는 걸 깨닫습니다. 높이가 주는 힘의 상징성을 알게 되었기 때문입니다.

계단이 지니는 욕망은 인간이 삶의 공간을 수직적으로 구성하면서 자연스레 인간 마음에 자리하게 되었습니다. 계단으로 인해 인간은 특별한 체험을 할 수 있습니다. 다른 사람보다 높은 곳에서 아래를 내려다볼 수 있고, 하늘을 좀 더 가까이 다가가 관찰할 수 있으며, 보다 안전한 피난처도 확보할 수 있었습니다. 그리고 이윽고 이런 체험은 모든 사람의 바람이 되었습니다.

그냥 언덕이나 산, 나무 위에 올라가야만 가능하던 체험을 하게 되었다 해도, 계단이 보통 사람들이 사는 집안으로 들어오는 데는 시간이 걸렸습니다. 대부분의 계단은 공공건물이나 집 외부에 만들어졌습니다.

우리나라 역시 집 안에 계단을 들이는 일은 아주 특별했습니다. 2층 누각에 올라 풍류를 즐기거나, 권력을 상징하기 위해 관아를 2층 구조로 짓거나, 전쟁에 대비해 높은 성곽을 조성하는 것은 대부분 일반 가정이 아니었

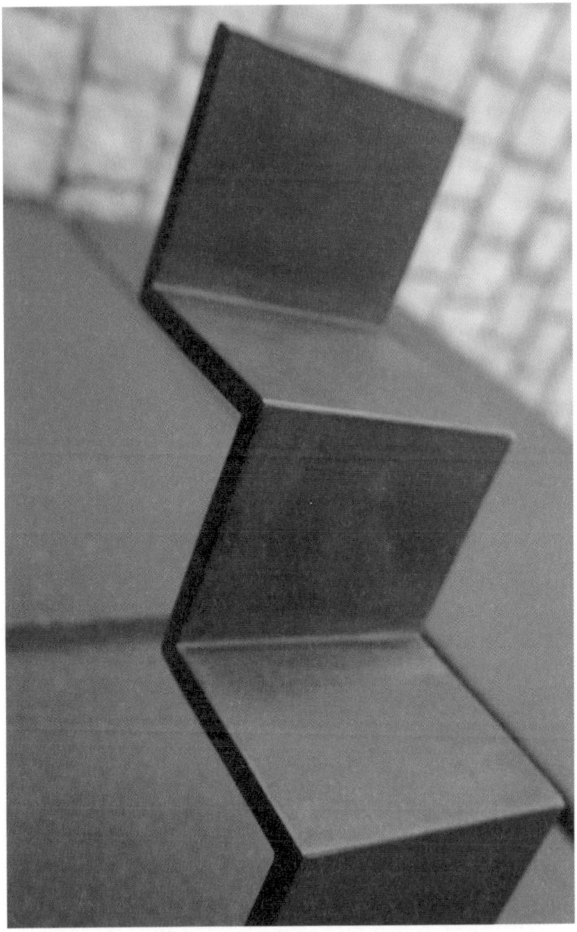

목표가 없는 계단은 높이의 욕망만이 증폭된 모습이다.

습니다.

그런 의미에서 2층 양옥집으로 대표되는 집 안 계단은 새로운 사회적 기호로 받아들여졌습니다. 집 안에 있는 계단은 부와 사회적 지위를 상징했습니다. 그래서 고급 아파트가 대세를 이루는 지금도 여전히 TV드라마나 영화에 나오는 부자나 권력자의 집은 계단이 있는 2층집입니다. 게다가 그 주인공은 아주 커다란 욕망을 지닌 사람이 많습니다.

콩나무를 스스로 자른 잭

어린 시절에 아마 영국 구전 민화인 동화 〈잭과 콩나무〉를 읽거나 들었을 것입니다. 그런데 대부분의 사람이 성인이 되고 나서는 이 동화의 내용을 그다지 잘 기억하지 못합니다. 특히 결말이 어떻게 되었는지 잘 모릅니다. 어린아이들도 비슷합니다. 그저 마지막에 거인이 죽었다는 것만 기억하는 정도입니다. 하지만 이 동화의 가장 중요한 부분은 어떻게 거인이 죽었냐입니다. 확인해 볼 겸 동화의 줄거리를 간략히 살펴보도록 하죠.

옛날 영국의 한 마을에 잭과 어머니가 살았습니다. 어느 날 어머니는 잭에게 황소를 팔고 오라는 심부름을 시킵니다. 그런데 잭은 도중에 만난 할아버지가 건네는 마법의 콩과 황소를 바꾸고 맙니다. 잭이 집에 돌아오자 화가 난 엄마는 콩을 집 밖으로 던졌는데, 다음 날 아침 콩나무는 구름 위에 이를 만큼 엄청난 크기로 자랍니다. 잭이 콩나무를 타고 올라가자 그곳에는 거인이 사는 성이 있었습니다. 첫날은 거인 부인의 도움으로 들키지 않고 황금 알을 낳는 닭을 갖고 나옵니다. 그 후에도 잭은 거인이 잠든 틈을 타 금이나 은이 가득 든 주머니를 성에서 갖고 나옵니다. 하지만 하프를 갖고 나오려 한 날, 하프가 갑자기 소리를 지르는 바람에 거인이 깨어나 쫓아옵니다. 잭은 서둘러 콩나무를 타고 내려와 어머니에게 도끼를 달라고 부탁해 콩나무를 베어 버립니다. 거인은 떨어져 죽고, 잭과 어머니는 부자로 행복하게 살았습니다.

이 동화는 때론 물물교환 등의 상거래 개념이 등장하고, 황금 알을 낳는 닭이나 금과 은처럼 가치 있는 것을 어린이인 잭이 거인의 성에서 갖고 나온다는 이유로 어린이에게 경제 개념을 가르치는 이야기로 각색되어 연극으로 상연되기도 했습니다. 그러나 무엇보다 이 동화의 가장 큰 특징은 아동의 성장을 다루는 성장 동화 중 드물게 주인공이 스스로 욕망의 뿌리를 과감히 잘라 버리는 절제와 억제를 보여 준다는 점입니다.

물론 다른 성장 동화도 절제나 억제를 말합니다. 〈신데렐라〉는 함부로 사람을 업신여기지 말 것, 〈백설 공주〉는 지나친 질투를 조심할 것, 〈빨간 두건〉은 엄마 말씀을 잘 들을 것 등등. 우리가 아는 〈신데렐라〉나 〈잠자는 숲 속의 미녀〉〈장화를 신은 고양이〉 등이 수록된《페로동화집》은 동화를 통해 조심해야 할 것, 경계해야 할 것을 알려 주기 위해 만들어졌을 정도입니다. 하지만 〈잭과 콩나무〉 이야기만큼 주인공이 적극적으로 욕망을 절제해 행복해지는 이야기는 드뭅니다.

동화는 시작부터 잭을 철부지에 아무것도 못 하는 바보로 묘사합니다. 생활고에 시달리던 어머니는 마지막 재산인 황소를 팔기로 하고 잭에게 심부름을 시키면서 부탁을 거듭합니다. 제발 실수하지 말라고요.

하지만 결국 잭은 어머니의 말을 잊어버리고 이상한 콩과 전 재산을 바꿉니다. 정상적인 아이라면 하지 않을 짓입니다. 이 부분은 〈빨간 두건〉에서 어머니 말을 안 듣고 늑대의 꼬임에 넘어가 할머니와 자신을 모두 위험한 상황에 빠지게 하는 빨간 두건의 행동과 하나도 다르지 않습니다.

하지만 바보 같던 잭은 콩나무가 자라자, 적극적이고 활동적이고 모험적인 남성이 되어 구름 위 거인의 성에 갑니다. 그리고 거인의 부인과 대화를 통해 위험을 벗어나는 기지를 발휘하는 능력도 생깁니다. 이를 통해 그는 많은 부를 거머쥡니다. 하지만 빼먹어도 마르지 않는 샘물처럼 거인의 성을 이용할 수는 없습니다. 드디어 거인의 성, 다시 말해 보물이 쌓여 있어 언제나 원하는 것을 얻을 수 있는 장소와 작별해야 할 시간이 옵니다. 그는 결단력 있는 모습으로 스스로 도끼를 들고 거인의 성과 연결된 고리를 끊어 버립니다. 그것도 이전까지는 의존적 관계였던 어머니에게 명령을 해서요. "엄마, 빨리 도끼를 줘!"

무엇이든 소원을 들어줄 수 있는 거인의 성은, 모든 이가 꿈꾸는 알라딘의 램프와 같습니다. 이는 일종의 욕망 충족 장치입니다. 마르고 닳도록 원하는 것을 들어주는 요정. 거인과 램프의 요정은 사실 같은 의미의 존재입니다. 하지만 이런 것에 계속 의지해서는 진정한 어른이 될 수 없습니다.

아이에겐 계속 자기 요구를 들어주는 부모가 있습니다. 어른은 그런 부모로부터 떨어져 나와 한 사람의 인간이 되었을 때 비로소 인정받는 존재입니다. 그래서 심층심리학자들은 〈잭과 콩나무〉 이야기를 남자 아이들이 어른이 되는 과정에서 통과의례처럼 경험하는 심리 변화를 표현한다고 분석하기도 합니다. 그러므로 만일 콩나무를 잭 자신이 아니라 어머니가 잘랐다면 잭은 영원히 철부지 어린이로 남았을 수 있는 대신에, 이 동화는 지금까지 살아남지 못했을 것입니다.

잭이 한 것처럼 자신의 욕망을 스스로의 힘으로 끊어 내는 것, 이는 자신의 한계를 인식하는 것과 같습니다. 내면의 욕망을 끊임없이 추구할 경우, 한계를 넘어서는 욕망이 자신을 파괴하거나 자신의 성장을 방해하는 것을 우리는 알기 때문입니다. 적절한 절제와 억제는 그래서 청소년이 자기 정체성을 확립하는 데 아주 중요한 요소입니다. 앞서 이야기한 전능감이 현실의 벽 앞에서는 불가능하다는 것을 깨닫는 것, 바로 이것이 정체성을 만들어 가는 신호입니다. 만일 사춘기의 불같은 힘과 정열을 전능감이 남은 상태 그대로 발산하면 위험할 수 있는 것도 이 때문입니다.

금지와 절제

그리고

욕망의 증폭

앞서 통로 이야기를 하면서 금지된 욕망과 유혹에 대해 이야기했습니다. 욕망의 금지와 절제는, 결과적으로는 욕망이 발생하지 않도록 하거나, 욕망이 일어도 그 욕망을 풀기 위한 행동이 발생하지 않는다는 공통점이 있습니다. 단지 차이라고 하면, 금지는 외부 힘으로 이루어지고 절제는 내면의 의지로 이루어진다는 점입니다.

정체성을 확립하는 데는 단순히 내면적 절제의 힘만이 작용하지 않습니다. 여기에는 외부에서 사회적 압력이 동시에 작용합니다. 예를 들어 '공부 잘하는 모범생'이라는 정체성을 확립하기 위해서는, 일탈 행동을 하지 않으려고 노력하는 절제도 필요하지만, 학생으로서의 일탈 행동은 무엇이며 이런 일탈 행동을 할 경우에는 어떠어떠한 벌을 받는다는 사회규범 등이 존재해야 합니다. 정체성은 항상 외부의 대상이 되는 타인, 사회규범 등을 기준으로 자기 모습을 비교해 가면서 만들어 나가는 것이기 때문입니다.

그러므로 금지와 절제를 통해 자신의 한계, 나아가 행동 범위의 한계를 인식하는 것은 대단히 중요합니다. '중 · 고등학생'이 성인처럼 술 마시고 담배를 피우는 것은 정체성의 한계를 인식하지 못한 결과입니다. '대한민국의 건강한 성인 남성'이 병역의 의무를 다하지 않고 이를 기피하려는 것은 자신에 대한 정체성을 망각하는 행위입니다. 그러므로 모든 욕망 해소를 위한 행동이 자유롭지 않다는 것을 인식하고, 이를 기반으로 적절한 사회적 위치를 파악하는 일은 정체성 확립에서 대단히 중요합니다.

하지만 우리는 이런 한계를 벗어나서 부풀려진 욕망에 몸을 맡기는 때가 있습니다. 한탕을 위해 카지노에서 모든 재산을 날리고도 여전히 그 주변을 맴도는 사람, 자신의 본분을 잊고 거액의 뇌물을 받는 정치가, 자신의 권력을 이용해 성희롱을 일삼는 회사의 상사나 사회 지도층 인사 들.

한없이 증폭하는 욕망은 마치 브레이크가 고장 난 열차처럼 적당한 선에서 그치지 못하고 폭주하게 되고, 개인에게 좋지 않은 결과를 가져옵니다.

폭주하는 욕망, 증폭하는 욕망으로 무너지는 인간 군상은 예전부터 영화에서 많이 다뤄 온 주제입니다. 하지만 공간적으로 이를 표현한 영화는 그다지 많지 않습니다. 만일 공간에서 이런 욕망의 증폭을 표현한다면 어떤 식으로 나타날까요? 동화 〈잭과 콩나무〉를 예로 든 것은 한없이 커져만 가는 인간의 욕심을, 공간적으로 표현하는 힌트를 얻기 위해서였습니다.

그것은 바로 '높이의 추구'입니다.

높이의 욕망

그리스신화 미노타우로스 편에 등장하는 이카로스의 날개는 한계를 넘은 자신의 욕망을 제어하지 못한 대표 이야기입니다. 이카로스는 너무 높이 날면 새의 깃털을 이어 붙인 촛농이 녹아서 추락하니 조심하라는 아버지 다이달로스의 엄중한 경고에도 불구하고, 날갯짓이 익숙해지자 하늘 높이, 태양 가까이 날아오릅니다. 그러자 태양신 헬리오스가 이를 보고 화를 내고, 결국 태양의 뜨거운 열에 촛농이 녹아 바다에 떨어져 죽습니다. 이카로스는 신에 너무 가까이 다가가는 바람에, 다시 말하자면 자신의 분수를 잊고 신의 위치에 다가가고자 했기 때문에 죽음을 맞이합니다. 이후 자신의 분에 넘치는 헛된 욕심을 추구하는 사람을 비유하는 말로 '이카로스의 날개'라는 표현이 쓰이게 되었습니다.

그런데 이와 유사하게 신의 존재에 다가가려는 인간의 한계를 넘는 무모함이 불러온 유명한 파멸 이야기가 또 하나 있습니다. 그것도 이카로스와 마찬가지로 높이의 욕망에 사로잡혀서 말입니다. 바로 기독교 성경에 나오는 바벨탑 이야기입니다.

바벨탑은 대홍수가 휩쓸고 지나간 후 노아의 후손들이 시날(바빌로니아) 땅에 정착해 도시를 건설하고 세우기 시작한, 꼭대기가 '하늘에 닿는' 탑입니다. 성경에는 세계에서 가장 큰 탑을 쌓아 자기들 이름을 떨치고 하나의 집단 통치를 용이하게 하기 위해 건설했다고 합니다. 이를 괘씸하게 여긴 야훼가 탑을 건축하는 사람들의 언어를 혼란에 빠뜨려 멀리 흩어지게 함으로써 탑 건축은 중단됩니다. 바벨탑 또한 흔히 인간의 끝없는 욕망이 만들어 낸 허황된 꿈에 비유됩니다.

이카로스와 바벨탑의 공통점은 '높이'입니다. 이 높이는 '높은 곳에 사는 초월자'에 다가가고자 하는 욕망을 상징합니다. 인간의 욕망이 부풀려지면 신의 위치까지 넘본다는 뜻입니다.

그래서 흔히 거대해지고 확대되는 욕망을, 공간적 개념을 빌려 표현할 때, 수평적 확대를 뜻하는 '넓이'보다는 수직적 확대를 뜻하는 '높이'라는 단어를 사용합니다.

우리는 목표나 꿈을 이야기할 때 '높은 목표', '높은 꿈'이라고 하지 '넓은 목표'나 '넓은 꿈'이라고 하지 않습니다. 욕망이나 욕구도 점차 고차원으로, 즉 지금의 욕구가 해소되면 하나 더 위의 욕망이나 욕구를 충족시키려는 방향으로 인간은 움직입니다.

유명한 심리학자 매슬로Abraham Maslow의 '욕구 5단계' 이론이 피라미드 모양으로 생긴 것도 고차원적 욕망이 위로 솟는 이미지를 갖고 있다는 것을 쉽게 표현하기 위해서입니다. 만일 매슬로가 욕구의 단계를 옆의 화살표로 표현했다면 하위 욕구에서 상위 욕구로 욕구가 움직이는 이미지를 쉽게 떠올릴 수 없었을 것입니다.

이-푸 투안은 이런 수직적 개념에서의 높이에 대한 공간적 의미를 우선 '높다' 또는 '낮다'라는 말의 의미에서 풀어 나갑니다. 여기서 '높다'는 우월하거나 뛰어나다는 의미를 담고 있는데, 실제로 우월함은 '더 높음'을 의미하는 라틴어에서 파생되었으며, '뛰어남excel'은 높음을 의미하는 또 다른 라틴어라고 합니다. 인도의 최고 신분 계급을 나타내는 브라만Brahman이라는 산스크리트어도 높이를 뜻하는 용어에서 파생했습니다.

그의 해석을 빌리자면 글자 그대로의 의미처럼 '등급'은 어떤 사람이

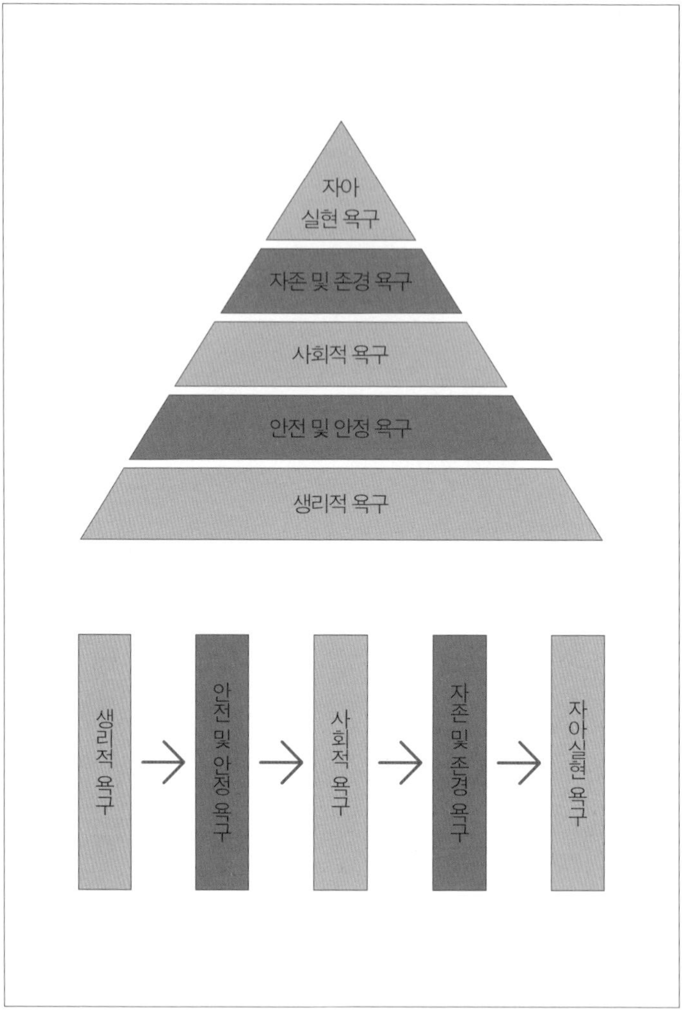

욕구단계설을 수직과 수평으로 비교한 이미지

공간을 오르내리는 단계를 뜻하며, 사회적 지위는 '크다'나 '작다'가 아니라 '높다'나 '낮다'로 표현됩니다. 또한 많은 종교에서 신이 살고 있는 곳이 하늘이거나, 아예 '신=하늘'이라는 개념을 이야기하는 것은 인간에게 보편적 상징이라고 보았습니다.

이런 의미에서 권력이 있고 부유한 사람은 그렇지 못한 사람보다 가시적 공간을 지배한다고 보았습니다. 그가 말하는 가시적 공간이란, 더 높은 곳에서 다른 곳을 내려다볼 수 있는 위치를 말합니다. 이는 높은 탑이나 궁전을 뜻하기도 하며, 비벌리힐스, 롯폰기힐스처럼 부자들이 사는 '○○ 힐hill, 언덕' 지대를 뜻하기도 합니다. 고급 아파트 최상층을 펜트하우스라고 하는 걸 보면 쉽게 이해할 수 있습니다.

높이 경쟁과 자기과시의 탑

바벨탑처럼 높이에 대한 인간의 욕망은 탑을 만듦으로써 현실로 옮겨집니다. 그리고 이런 욕망의 분출은 경쟁으로 이루어집니다. 욕망의 경쟁인 셈입니다.

유럽을 여행하다 보면 마을 중앙에 있는 교회를 쉽게 발견할 수 있습니다. 그리고 교회에는 어느 곳이나 높은 종탑이 있습니다. 아마도 종탑이 만들어졌을 때에는, 마을에서 가장 높은 건축물이었을 것입니다. 종탑은 두

가지 감각, 즉 청각과 시각을 통해 영역을 표시하는 의미가 있습니다. 종탑은 마을 밖에서도 보일 만큼 높게 자리 잡아 종탑에서 시선이 닿는 곳까지가 마을의 영역이며, 마을을 지배하는 자의 영역이라는 시각적 의미를 가집니다.

또한 종탑에서 들리는 종소리가 울려 퍼지는 곳까지가 지배 영역이라는 청각적 의미도 있습니다. 물론 종탑의 종에는 세계의 중심이며, 가장 성스러운 곳이라는 종교적 의미가 있었을 것이고, 적의 침입을 감시하고 방어하기 위한 기능도 갖고 있었을 것입니다.

더 많은 힘과 지배력을 갖고 싶은 인간의 욕망은 더 높은 종탑을 건설하는 원동력이 됩니다. 그리고 이런 종탑의 높이에 대한 고집은, 높은 시야를 확보하려는 욕망이기도 했으며 이는 신의 눈을 확보하려는 목적이기도 했습니다. 그러므로 다분히 종탑을 비롯한 높이를 위한 건축물인 탑은, 인간의 '더욱 더'를 원하는 욕망을 표현하는 좋은 공간적 상징물이 되었습니다.

탑이 욕망을 표현하는 도구로 사용될 때, 탑은 다분히 남성적 특징을 지닌 건축물이 됩니다. 무언가를 건설하는 것을 뜻하는 영어 'erection'은 남성 성기의 발기와 같은 뜻으로 쓰입니다. 그래서 남성에게 건축물을 건설하는 것은 외부 위협으로부터의 보호나 자손 번식을 위한 일이 아니라, 그 자체가 권력의 도구적 상징이라고 해석되기도 합니다. 그리고 그중에서 탑은 바로 이러한 권력의 도구적 상징을 대표하는 건축물입니다.

이라크 바그다드에서 북쪽으로 125킬로미터 떨어진 사마라에는 2007

년 유네스코 세계문화유산에 지정된 사마라 탑이 있습니다. 이슬람교의 사원에는 미너렛minaret이라는, 주변 사람들에게 코란을 읽어 들려주기 위한 탑이 있습니다. 이런 탑들은 대개 멀리까지 코란을 읽는 소리가 들리도록 높게 만들어져 있습니다. 사마라 탑도 이런 역할을 했으리라 생각됩니다만, 현재 대부분의 연구자는 이 탑이 실제 용도보다는 '높이'를 표현하는 역할을 했다고 보고 있습니다.

세계 여러 곳에는 이전부터 연기를 올려서 외적의 침입을 알리는 역할을 하는 '봉화대'가 곳곳에 있었고, 현대에도 방송탑처럼 확실한 역할을 하는 탑도 존재합니다만, 역사적으로 보면 실용 목적보다는 순수하게 높이를 표현하기 위한 탑이 많았습니다. 이는 높이의 상징물로서 탑을 건축했다는 의미입니다.

예를 들어 《신곡》으로 유명한 단테Alighieri Dante가 쓴 기행문을 보면, 13세기 당시 이탈리아의 볼로냐에는 100여 개의 탑이 있었다고 합니다. 현재는 두 개의 탑만이 남았는데 그중 하나는 피사의 사탑처럼 삐딱하게 기울어져 있어 당초 세월이 흐르면서 기울어졌을 것으로 추측되었습니다. 하지만 1817년 괴테가 쓴 이탈리아 기행문을 보면, 처음부터 기울게 탑을 건축했다고 서술되어 있습니다. 기행문에서 그는, 처음부터 기울게 설계했는데도 벽돌을 수평으로 쌓은 것이 놀랍다고 했습니다. 그러면서 이렇게 탑을 만든 이유를, 귀족들이 서로 자기과시를 목적으로 탑 쌓는 것을 경쟁하면서 다른 탑과 차별화하고 싶었다고 했습니다. 이 탑들은 대개 높이가 100미터

가까이 되는 높이지만 올라가 보면 그다지 실제 역할은 없습니다. 다시 말해 중세 볼로냐에는 귀족들이 서로 자신의 탑이 더 높고 멋있다는 것을 과시하기 위해 100개나 되는 탑을 만든 셈입니다. 결국 현실 목적에 따른 건축물이 아니라, 높이에 대한 욕망의 표현 도구였던 셈입니다.

볼로냐의 탑들과 비슷한 탑은 이탈리아의 산 지미냐노에서도 볼 수 있습니다. 산 지미냐노는 대단히 작은 마을이지만, 예전에는 70여 개의 탑이 있었다고 하고 지금은 열세 개가 남아 있습니다. 이중 두 개의 탑은 꼭대기까지 올라갈 수 있는데, 위에는 그저 아주 좁은 옥상이 있을 뿐 주변을 둘러봐도 탑을 왜 만들었는지 고개를 갸우뚱하게 만든다고 합니다. 이 탑들도 역시 귀족들이 자기과시 목적으로 만든 것으로 추정되고 있습니다.

노트르담 종탑의 꼽추,
공간과 심리의 불일치

자, 그럼 영화 이야기로 돌아와 봅시다. 영화 속 등장인물이 자기 정체성을 투영하는 집이나 그와 유사한 공간에서, 과연 종탑 · 탑처럼 높이 지향적인 건물을 찾기는 힘듭니다. 왜냐하면 이런 건축물은 개인의 소유가 아닌 공공건축물의 특성상, 특정 개인이 정체성을 투영하기 또한 어렵기 때문입니다. 하지만 〈노트르담의 꼽추〉에서는 부분적으로 이런 가능성을 찾아볼 수 있습니다.

빅토르 위고Victor-Marie Hugo의 원작 《노트르담 드 파리》는 이미 세 차례나 영화로 만들어졌고, 디즈니 애니메이션과 뮤지컬로도 각색되었습니다. 1956년 영화 〈노트르담의 꼽추〉에서 주인공 콰지모도(앤서니 퀸 분)는 꼽추에다가 얼굴도 못생겼습니다. 그는 태어나자마자 노트르담의 대성당 앞에 버려져, 이후 대성당의 종지기로 살아갑니다. 하지만 그의 마음은 당시 가장 성스러운 사회 지도층인 종교인이나 군인보다도 순수합니다. 아름다운 여인 에스메랄다(지나 롤로브리지다 분)를 사랑하지만 그녀로부터 사랑을 얻지 못한 그는, 결국 그녀를 죽인 사람을 종탑에서 떨어뜨려 죽입니다.

종탑은 콰지모도에게는 집과 다름없습니다. 대성당의 종탑은 상당히 높은 곳에 있어서 일반 사람은 올라오기도 힘들고 무서워합니다. 하지만 사람들과 어울리지 못하는 콰지모도에게는 세상을 내려다볼 수 있는 가장 편하고 안락한 곳입니다.

그러나 사실 욕망의 높이를 표현하는 종탑과 콰지모도의 현실은 전혀 맞지 않습니다. 콰지모도에게는 가장 낮은 수준인 생물적 욕구와 사회적 지위 그리고 인간관계밖에 주어지지 않습니다. 그러므로 사회적 · 심리적으로 가장 낮은 위치에 있는 그가 공간적으로는 가장 높은 곳에 있는 셈입니다. 이 위치적 불일치가 바로 영화가 보여 주는 핵심입니다.

이와 반대로 성직자나 군인은 여전히 더 큰 욕망을 품고 있습니다. 그들은 부정한 행위와 부도덕한 마음에 몸을 맡기고 욕망을 충족하는 데만 관심이 있습니다. 이에 비해 콰지모도는 처음부터 욕망의 한계를 잘 알고 있는 것처럼, 자신에게 주어지지 않을 욕망, 여인에 대한 사랑의 갈망에 괴로워할 뿐입니다. 만일 콰지모도가 종지기가 아니라, 위로 향하는 욕망을 마음껏 분출할 수 있는 아래 공간의 사람이었다면 아마도 에스메랄다의 사랑을 얻기 위해 다른 사람과 똑같이 욕망을 표출하는 행동을 했을 겁니다.

하지만 영화 속 콰지모도가 종지기가 된 것이 본인의 의지와는 상관없다는 점에서, 종탑이라는 공간이 그의 정체성을 완전히 투영하는 공간이 되지는 못합니다.

〈하녀〉, 상승 욕구의 계단?

영화를 포함한 많은 콘텐츠가 가장 많이 다루는 소재는 인간이 어떤 목표나 욕망을 달성하기 위한 과정입니다. 우리는 등장인물이 욕망의 충족 또는 좌절 과정에서 어떤 행동을 보이며, 어떻게 시련을 극복하고 목표를 달성하고 욕망을 해소하느냐, 또는 그렇게 하지 못하느냐를 지켜보게 됩니다.

영화 〈하녀〉는 이런 점에서 욕망의 충족과 좌절을 집 안 여러 공간 요소를 통해 가장 잘 보여 주는 작품입니다. 1960년 김기영 감독 작품인 〈하녀〉는 2010년 임상수 감독의 작품으로 다시 만들어져 화제가 되기도 했습니다. 두 작품 모두 공간의 상징성을 잘 살리고 있습니다만, 김기영 감독의 작품이 집 안의 요소 각각에 초점을 맞추고 있어 분석에 재미를 더해 줍니다.

김기영 감독의 〈하녀〉는 국내 영화 중에서는 영화에 등장하는 공간의 의미와 관련해 비교적 많은 평론가와 연구자가 분석했고, 대부분 그 대상은 역시 '계단'이었습니다. 〈하녀〉는 마치 연극 스타일을 따르듯 공간 전환이 많지 않습니다. 대부분의 이야기는 동식(김진규 분)의 집에서 전개되며, 이 중 계단이 집의 중심에 위치하고 있어서 대부분의 장면에 등장합니다.

이전 대부분의 분석은 계단을 '사회적으로 낮은 지위의 여성이 신분 상승을 위해 인간으로 해서는 안 되는 행위까지 일삼다가 결국은 자신의 욕망에 휘말려 죽음을 맞이한다는 상징'을 지니고 있다고 말합니다.

계단이라는 구조물은 위로 올라가기 위해 이용하는 도구이며, 영화에서는 2층으로 오르는 계단에서 하녀(이은심 분)가 죽음을 맞이하기 때문에 그런 해석이 가능합니다. 뛰어넘을 수 없는 사회적 신분의 벽과 여성의 불 같은 욕망이 불러오는 비극적 결말을, 위로 올라가기 위해 발을 내딛은 계단을 결국 다 오르지 못하고 도중에서 죽음을 맞이한다는 이미지로 해석하는 것이죠.

이런 분석이 반드시 틀렸다고는 할 수 없지만, 그렇다고 전적으로 수긍만 할 수도 없습니다. 왜냐하면 계단은 오르기도 하지만 내려오기도 하기 때문입니다. 또 동식의 집 구조를 보면 하녀의 방이 이미 2층에 있기 때문입니다. 상징적으로 본다면 이미 그녀는 주인집 식구들보다 위층, 즉 높이에서 우위를 점하고 있는 것으로 설정되어 있기 때문에 굳이 오르려는 욕망을 강조할 필요가 없습니다.

집안에서 '계단=높이의 욕망을 표현하는 구조물'이라는 단순한 도식은 계단이 품고 있는 욕망의 또 다른 면을 보지 못했기 때문입니다.

분명 앞서 말한 대로 계단은 권력이나 사회적 지위 등을 과시하고 높이고자 하는 인간의 상승 욕구를 상징합니다. 그리고 이를 충족시킬 수 있는 사람은 자신보다 아래에 있는 인간을 필요로 합니다. 아래에서 자신을 우러러봐 주는 사람이 있어야 권력욕이나 과시욕이 충족될 수 있기 때문입니다. 그래서 예로부터 공공건물, 신전 등에서는 계단식 건물을 많이 지었습니다.

그럼 집 안은 어떨까요? 사람은 높이를 통해 힘을 갖고 있다는 것을 과연 누구에게 보여 주려 할까요? 가부장적인 사회에서 살고 있는 사람이라면 당연히 이 물음에 '아버지'가 '다른 가족'에게 자신의 힘을 인정받고 과시하기 위한 것이라고 답할 것입니다.

그런데 이런 아버지라도 집 안에서 항상 권력욕과 과시욕에 사로잡혀 있을 수는 없습니다. 가족이 살아가는 집이라는 공간에서는 사랑과 평등과 같은 수평적 유대감도 필요하기 때문이죠. 그래서 아버지는 반드시 혼자서 있는, 상징적으로 높은 곳에서 내려와, 모두가 같은 높이로 존재하는 공간으로 와야 합니다. 현실적으로 보면 2층 서재에서 혼자 시간을 보내다가도 가족과 함께 밥을 먹고, 대화를 나누기 위해서는 1층 거실로 내려와야 합니다.

이렇게 생각해 보면 영화 속에 나오는 집 안 계단을 바라볼 때, 계단을 다른 부분과 분리해 따로 떼어 놓고 바라보면 절대 안 됩니다. 세상 모든 것은 전체 속에 부분으로 존재하고, 부분의 의미는 전체와, 전체의 의미는 부분과 연결되어 있기 때문입니다. 집 안에서 사는 가족을 배제하고 계단을 단순히 상승 욕구의 상징으로만 보면 오해를 피할 수 없습니다.

따라서 영화 〈하녀〉에서 계단의 욕망을 분석하려면 우선 동식의 집 공간 구조와 가족의 모습을 먼저 살펴볼 필요가 있습니다.

동식의 집은 2층 구조입니다. 영화 속에서는 1층에 부부 침실, 아이들 방 그리고 부엌, 거실 겸 부인이 재봉을 하는 공간이 있습니다. 그리고 2층에는 하녀의 방과 피아노 선생인 동식의 피아노 방이 있습니다. 계단은 현관을 들어와서 복도와 연이어 위치하고 있어 현관을 카메라로 잡으면 현관문과 계단이 함께 화면에 잡히는 구조입니다.

만일 상승의 욕망이란 키워드로 바라보면 하녀의 위치는 1층이어야 하고 따라서 그녀의 방도 1층에 있어야 합니다. 그녀의 일인 청소 · 빨래 · 식사 준비는 모두 1층에서 이뤄지므로 그녀의 활동 공간은 높이에서 낮은 1층이고, 만일 그녀가 위로 올라가고 싶다면 당연히 1층에 머무르면서 2층의 공간이 주어지면 안 되기 때문이죠.

그런데 감독은 하녀가 처음 집에 오는 날부터 하녀의 방을 2층으로 설정하고, 하녀에게 2층 동식의 피아노 방 옆에 비어 있는 방을 쓰게 합니다. 공간의 의미에서만 보자면 동식과 하녀는 같은 높이에 존재합니다. 다시 말해 하녀는 동식의 집에 들어오는 순간 2층을 차지함으로써, 자신이 올라가

김기영 감독의 〈하녀〉에 나오는 계단
영화는 주로 계단을 아래에서 위로 잡는 앵글로 보여 준다.

야 하는 높이(힘과 지위)를 이미 차지한 셈입니다.

대부분의 영화나 소설, 애니메이션 속에서 일하는 사람이 동거하는 2층 구조의 집이 등장할 경우, 위층은 주인이 거주하는 공간, 아래층은 하녀 · 집사 · 요리사 · 정원사 등이 거주하는 공간으로 그려집니다. 가끔 아래층을 노부부가 사용하기도 하는데 계단을 오르락내리락하는 데 어려움이 있는 캐릭터 설정에서 나온 공간 배치일 뿐입니다.

김기영 감독은 상식적 공간 배치를 무시하고 일부러 공간을 역전시켜 놓았습니다. 집주인 부부의 침실이 아래층이고 하녀의 방이 위층이니까요.

실제로 하녀는 집에 들어온 이후 동식을 유혹해 가족 모두 자신이 원하는 대로 움직이게 하는 데 별로 어려움을 겪지 않습니다. 모두 하녀를 두려워하고 그녀가 하고자 하는 방향으로 움직입니다. 가족들은 마치 하녀가 자기들 위에 서는 사람처럼 행동합니다.

감독의 이 의도적 공간 배치는 아래층과 위층을 완전히 다른 의미의 공간으로 만듭니다. 아래층은 가족이 먹고 자는 공간이며, 부인이 생활비를 마련하기 위해 재봉틀을 돌리는, 대단히 현실적인 공간으로 그려집니다. 이에 반해 위층은 망상과 욕망의 공간일 뿐 그 이상도 이하도 아닙니다.

피아노를 배우고 싶어 하는 경희(엄앵란 분)가 자신을 봐주지 않는 동식에게 사랑을 애원하며 자신의 옷을 찢기도 하고, 하녀가 동식을 유혹하기 위해 옷을 벗고 동식이 그 유혹에 넘어가는 공간입니다.

내려와야
완성되는
욕망 실현

하녀와 동식이 만일 계속 현실과 떨어져 산다면 굳이 계단을 내려오지 않아도 됩니다. 하지만 하녀인 은심은 자신이 계획한 욕망의 상황을 현실화시킬 필요가 있습니다. 즉 잠시 '이 집의 안주인이 되었다'라는 기분을 맛보는 것이 아니라, 실제로 안주인이 되는 현실을 구현하고 싶은 거죠. 그러기 위해서 은심은 계단을 내려와 현실로 들어와야 합니다. 하지만 결국 은심은 현실에서 자신의 욕망을 구현할 수 없습니다. 내려오는 계단에서 죽음을 맞이하기 때문입니다.

영화를 보다 보면 계단은 마치 오르기 위한 도구가 아니라, 내려오기 위한 도구로 사용되는 듯 보입니다. 동식을 유혹하던 경희가 실패하자 찢어진 옷을 추스르면서 달려 내려오고, 은심이 낙태를 위해 위에서 아래로 구르고, 또 결국 은심과 동식이 독약을 먹고 죽으면서 쓰러져 내려오는 곳이기도 합니다.

물론 계단은 오르는 도구로서의 상징이 더 큽니다만, 감독은 처음부터 2층에 두 사람의 개인 공간을 만듦으로써 계단을 '잘 내려오기 위해 이용하는 도구'로 의미를 바꾸어 버렸습니다.

이렇듯 극 중에서 계단은 오히려 내려오는 데 더 많은 초점이 맞춰져 나타납니다. 그리고 동식, 하녀, 경희 모두 잘 올라갔으나 내려올 때는 목숨을 비롯해 많은 것을 잃어버리고 맙니다. 모두 제대로 내려오지 못한 인생들입니다.

높은 곳에 있다가 제대로 잘 내려오는 것은, 꿈을 꾸던 사람이 꿈에서 깨어 현실로 돌아오는 것과 유사합니다. 욕망이 한없이 증폭되던 상황에서 욕망의 허무함을 깨닫고 절제를 통해 현실로 돌아오는 것과 같습니다. 잭이 도끼로 콩나무를 잘라 버린 것도 그가 잘 내려왔기 때문입니다.

하녀는 동식의 집에 들어가 2층에 자리하면서 이미 먹고살 만한 공간을 확보했을 뿐만 아니라, 동식 가족과 함께 생활한다는 사회적 지위를 누리는 욕망도 충족합니다. 거기에 병약한 부인을 대신해 동식을 자신의 여성성으로 지배할 수 있다는 욕망도 충족합니다.

하지만 이 모든 것은 여전히 욕망이 만들어 낸 꿈에 지나지 않습니다. 먹고살 만한 공간은 임시적이며, 동식 가족의 지위는 그녀의 것이 아니고, 동식도 아내의 사랑을 배신한 것을 후회하고 하녀를 두려워합니다. 꿈은 잠시 그녀에게 힘과 지위를 가져다주지만 언제든지 깨져 버릴 유리와 같습니다. 그래서 그녀는 자신의 꿈과 잠시 충족된 욕망을 현실로 이어 가고 싶던 것이죠.

꿈이나 욕망의 세계에서 아무 문제없이 현실로 돌아오려면 계단을 통해 아래로 무사히 내려와야 합니다. 하지만 계단은 그녀에게 건널 수 없는 금단의 강이었고, 강을 건너려면 결국 목숨을 버려야 합니다. 이런 운명은 하녀와 같이 목숨을 잃은 동식도 마찬가지입니다.

이런 해석이 가능한 것은 김기영 감독의 〈하녀〉가 결말에서 기존 영화와는 아주 다른 반전을 지니고 있기 때문입니다. 마지막 장면에서 동식 가족은 모두 2층 피아노 방에서 행복한 한때를 보내고 있고, 하녀가 과일을 갖고 들어옵니다. 욕망에 눈이 먼 모습이 아니라 순종적이고 착한 모습입니다. 하녀와 아내가 방에서 나가자 동식이 카메라를 바라보고 관객에게 말합니다.

> 남자는 나이가 들면 젊은 여자 생각하는 시간이 많아집니다. 그래서 여자한테 걸려들기도 쉽고 때에 따라서는 패가망신하는 수도 있죠. 선생도 그렇고, 아니라고 고개를 흔드는 선생도 매한가지입니다.

이 장면을 보면 감독이 이 영화를 통해 말하고자 한 것이, 여자의 욕망이 얼마나 무섭고 파멸적인지가 아니라, '현실에 발을 딛고 있지 않는 욕망의 충족이 얼마나 허무한 것인가'입니다. 욕망이 생기는 것은 어쩔 수 없지만, 그 욕망에서 현실로 무사히 돌아올 수 있어야 하니 '조심하라'는 뜻입니다. 따라서 계단은 욕망의 증폭을 표현하는 상징이 아니라, 욕망의 증폭을 절제하고 억제하고 잘 건너오기 위한 상징적 도구입니다.

영화 〈박쥐〉에서는 통로가 욕망의 공간과 현실의 공간을 이어 주는 역할을 했고, 〈센과 치히로의 행방불명〉에서는 터널과 다리가 그런 이질적 공간을 이어 주는 역할을 했습니다. 이는 수평적으로 존재하는 이질적 공간의 연결체 역할입니다. 〈하녀〉의 계단은 수직적인 이질적 공간의 연결체라고도 할 수 있습니다. 감독이 일반 2층집 구조와 다르게 무대를 설정한 것도 바로 이런 것을 염두에 둔 것이 아닐까 합니다. 이야기의 일반 구조가 '일상 → 비일상 → 일상으로의 회귀'라는 점을 고려하면, 감독으로서는 가장 중요한 결말을 이루는 일상으로의 회귀를 상징하는 공간 요소를 부각시키고자 한 것이죠.

같은 창가, 다른 욕망의 두 하녀

김기영 감독의 〈하녀〉가 공개되고 50년 후인 2010년 만들어진 임상수 감독의 〈하녀〉에서 주목할 만한 공간은 커다란 창문이 있는 욕실입니다.

일반적으로 욕실은 창을 내지 않거나, 창문이 있더라도 아주 작습니다. 욕실 창문은 개방성보다 환기 목적이 강하기 때문입니다. 높이도 얼굴 정도의 높이에 있는 경우가 많습니다. 만일 샤워할 때 가슴이나 배 높이라면 외부에서 쉽게 보일 수 있기 때문이죠. 가장 폐쇄되고 격리된 공간이라고 할 수 있는 화장실과 욕실이 개방 공간이 되는 경우는 일반 가정에서는 찾아볼 수 없습니다. 만일 욕실이나 화장실이 개방 공간으로 만들어졌다면 이는 일부 러브호텔에서 볼 수 있는 것처럼, 인간의 원초적 욕망을 그대로 드러내어 욕망의 해소를 부추기고 증폭시키는 역할을 합니다.

이런 점에서 임상수 감독의 〈하녀〉 속 욕실 이미지는 많은 것을 이야기해 줍니다. 우선 욕실 창문은 욕실이 개방 공간이라는 것을 말해 줍니다. 욕조에 아이가 있긴 하지만, 앞서 말했듯이 상식에서 벗어날 만큼 개방된 창문을 만듦으로써 이 공간에서는 욕망의 흐름이 거침이 없다는 것을 상징합니다. 그러므로 욕실에 있는 주인공들이 욕망을 절제하는 정체성을 지니고 있지 않다는 사실을 알 수 있습니다.

반면에 하녀(전도연 분)는 욕실 외부에 앉아 있습니다. 그녀는 일부러 창문에서 많이 떨어진 곳에서, 욕실 안이 보이지도 않을 뿐 아니라, 볼 생각도 없다는 듯한 방향으로 자세를 잡고 컴퓨터를 보고 있습니다. 이는 욕망이 격하게 소용돌이치는 욕실에 자기 공간이 겹쳐지는 것을 두려워하고 있으며, 욕망의 증폭에 휘말리지 않고 욕망을 절제하려는 그녀의 마음가짐을 나타냅니다.

'1장 창문의 욕망'에서 말한 것처럼 창은 내부에서 외부의 위협을 관찰하기 위한 목적으로 만들어졌습니다. 그래서 창문의 시작을 인간이 외부 대상에 대해 가지는 공포와 불안에서 비롯한다고 하기도 합니다. 그러므로 창문은 문과 같은 크기가 되어서는 안 됩니다. 만에 하나 창문이 문이 되어 버리면 외부에서 쉽게 내부로 들어올 수 있기 때문입니다.

지나치게 크고 열려 있는 욕실은 욕실 속 주인공들이 외부에 대한 두려움이 없는, 거칠 것이 없는 정체성을 갖고 있음을 표현해 줍니다. 그들은 경

임상수 감독의 〈하녀〉 속 욕실 이미지
지나치게 크고 개방적인 창과 옆에 앉은 하녀.

제적으로나, 사회적으로나, 그리고 욕망이라는 부분에 있어서도 거침이 없습니다. 외부에 대한 불안과 공포가 그들에게는 마치 존재하지 않는 것 같습니다. 따라서 우리는 이런 집의 주인들에 의해 하녀가 무엇인가 시련을 겪으리라는 예측이 가능합니다.

하녀가 창문을 통해 욕실과 욕실에 있는 사람을 모두 충분히 볼 수 있는데도 이를 피해 있는 모습은 임상수 감독의 작품이 김기영 감독의 작품과 다르다는 점을 극명하게 보여 줍니다.

김기영 감독의 〈하녀〉에서는 동식의 방에서 동식과 경희가 욕망에 휩쓸려 있는 모습을 하녀가 창문을 통해 엿봅니다. 동식의 방은 베란다로 창이 나 있고, 이 베란다는 하녀의 방과 연결됩니다. 동식을 엿보는 그녀는 이미 동식의 욕망에 동참할 의사, 나아가 동식의 욕망을 더욱 증폭시킬 의사를 갖고 있다는 것을 표현합니다. 따라서 임상수 감독의 〈하녀〉에서 욕실의 가족을 보려 하지 않는 하녀와는 전혀 다른 의식을 지닌 캐릭터임을 알 수 있습니다.

조제의 탑,
한계를 인식하는
절제

위로 또는 아래로라는 높이로 욕망의 증폭과 절제를 동시에

김기영 감독 〈하녀〉의 포스터에서 하녀가 동식과 경희를 창문으로 엿보는 장면
등장인물 셋 모두 자신의 욕망을 그대로 드러내 보이고 있다.

표현하는 사례로 앞서 좁은 공간 분석에서 사용한 〈조제, 호랑이 그리고 물고기들〉을 다시 한 번 살펴보기로 하겠습니다. 이 영화에서는 건축물로서 욕망의 증폭을 직접적으로 상징하는 요소로 탑이 자주 등장합니다.

우선 탑 이미지는 영화의 오프닝에서 타이틀의 배경으로 처음 등장합니다. 조제가 좋아하는 프랑스 소설가 사강을 암시하는 듯 에펠탑 모양을 하고 있습니다. 그리고 실제로 조제 방의 책상 위에 에펠탑과 유사한 하얀색 탑 소품이 놓여 있습니다.

여기서 눈여겨볼 것은 쓰네오가 조제의 집에 처음 방문했을 때는 탑이 화장대 위에 놓여 있다는 점입니다. 하지만 쓰네오가 떠나고 조제가 혼자서 자립된 생활을 시작하는 장면에서 탑은 방바닥으로 내려와 있습니다.

조제에게 탑은 앉아서 장애를 가진 자신의 꿈이며 희망이며 심리적 욕구를 표현해 줍니다. 다리에 장애가 있는 조제에게 꿈이자, 희망 그리고 가장 강한 욕구는 걷는 일이 아닙니다. 우선 두 다리로 일어서는 일입니다. 앉아 있는 상태에서 일어서는 것은 '높이'의 변화를 의미합니다. 영화 타이틀에 탑 이미지가 등장하거나, 조제가 탑 소품을 지니고 있는 것은 이런 자신의 욕망을 직접적으로 탑이라는 상징물을 통해 드러내는 부분입니다.

하지만 이런 꿈과 희망, 욕구는 사실 조제에게는 실현 불가능합니다. 마치 쓰네오와의 사랑이 결국은 이별로 끝맺을 수밖에 없듯이, 조제가 꿈꾸고 욕망하는 '높이'의 갈망에는 처음부터 이루어질 수 없는 한계가 있습니다. '벽장의 욕망'에서 살펴봤듯이, 쓰네오와의 여행과 이별을 통해 조제는

〈조제, 호랑이 그리고 물고기들〉에서 탑이 등장하는 장면

오프닝 타이틀에 나오는 에펠탑 이미지, 쓰네오의 방문이 시작됐을 때 화장대 위의 탑 소품,
쓰네오와 이별 후 방바닥으로 내려온 탑 소품(맨 위쪽부터).

자신의 현실을 인식하고 비로소 현실에 뿌리내린 정체성을 확립하게 됩니다. 바로 탑이 화장대 위에서 아래로 내려온 까닭입니다.

탑이라는 욕망 증폭의 상징이 지닌 높이를 포기하는 것은 욕망의 절제를 통해 현실에 되돌아오는 것입니다. 이는 김기영 감독의 〈하녀〉에 표현된 계단의 분석과 같습니다. 높이를 추구하는 탑을 '아래로 내려놓는' 행위는 이제 더 이상 부풀어 오르는 꿈이나 희망, 욕망이 아니라 현실을 바라보겠다는 조제의 마음가짐입니다.

조제가 조리대 앞 의자에서 '쿵' 소리를 내며 떨어져 화면 아래로 사라지는 엔딩도 이 영화가 마지막까지 높이를 주제로 하고 있다는 것을 말해줍니다. 마지막 여행에서 묵은 모텔 방의 조개껍질 모양 침대와 심해 분위기도 가장 '낮은' 곳을 표현합니다. 따라서 조제에게는 세상에서 가장 높은 에펠탑에서, 가장 낮은 곳인 바다의 밑바닥으로 높이가 이동하는 셈입니다.

그런 의미에서 〈조제, 호랑이 그리고 물고기들〉은 탑으로 상징되는 꿈을 꾸느라 현실에서 소외된 자기만의 세계에 갇힌 여성이, 바다 밑바닥으로 상징되는 자기 현실을 직시하게 되면서 자립하는 모습을 그린 영화가 아닐까 합니다.

올라가기보다
어려운
내려가기

등산을 할 때 전문가들은 올라가는 것보다는 내려가는 것이 더 어렵고 위험하다고 합니다. 히말라야 안나푸르나 정상을 밟기 위해 올라가는 길이 아니라, 내려오는 길에 죽은 등산가가 더 많습니다. 최고 권력의 자리에 앉은 사람은 그곳에 오르기까지 성공적인 등반을 합니다. 그러나 많은 권력자가 제대로 내려오지 못하고 비극적 결말을 맞이하거나, 사회적 비난을 받습니다. 성적이 중간인 학생도 더 열심히 공부해서 성적이 올라가는 과정은 기쁨의 연속입니다. 하지만 막상 1등을 해서 그 자리를 지키는 일은 더 이상 기쁨이 아니라 고통의 연속입니다. 언젠가는 내려와야 하기 때문입니다.

하지만 우리는 올라갈 때, 내려오는 것을 크게 염두에 두지 않습니다. 내려가는 것은 자연스레 가능하리라고 생각합니다. 하지만 내려가는 일은 언제나 어렵습니다. 올라가는 것만 생각하고 추구했기 때문에 내려가는 경험을 해 본 적이 별로 없기 때문입니다. 그것도 잘, 성공적으로 내려가는.

우리가 접하는 일상 콘텐츠도 마찬가지로 온통 올라가는 이야기입니다. 〈신데렐라〉 〈콩쥐팥쥐〉 같은 동화부터 영화 · 뮤지컬 · 노래 · 소설 · 만화 · 애니메이션, 심지어 게임까지 모두 성공의 사다리를 올라가는 과정을 그립니다. 그들은 이 과정에서 관객들이 느끼는 감동을 상품으로 합니다.

우리가 뉴스나 연예 프로그램 · 강연회 · 책 · 인터넷 등에서 만나는 이야기도 다를 바 없습니다. 벤처 기업가의 성공, 주식에서 대박 난 사람, 대학 입시에서 좋은 결과를 낸 학생, 오디션 프로그램에서 우승을 한 괴짜 인생, 어려운 무명 시절을 거쳐 최고의 연기자 · 개그맨 · 가수가 된 사람들 등등. 그 이야기에는 부록처럼 반드시 어려움을 극복한 일화가 덧붙습니다. 이 성공 이야기에 우울증과 자살 기도, 가족과의 갈등, 경제 곤란은 거의 빠지지 않는 단골손님입니다.

이렇게 온통 잘 올라가는 이야기는 많은데 잘 내려오는, 잘 비워 내는 이야기는 접하기 어렵습니다. 간혹 스님이나 목사, 신부님 같은 성직자가 비움의 삶을 이야기하며 내려오기를 권하지만, 그 말씀대로 실천해서 내려오는 데 성공한 이야기를 만나기는 힘듭니다.

욕망은 집이란 공간을 통해 확대되거나 절제됩니다. 수평적 공간일 때는 통로나 창문, 문 같은 경계를 넘어서거나 넘어서지 않거나 합니다. 계단은 수직적 공간의 확대입니다.

욕망은 자신의 한계 공간을 넘어갔다 반드시 돌아와야 하는, 다시 말해 '일상 → 비일상 → 일상'이라는 회귀 과정을 거치지 않으면 안 됩니다. 그렇지 않으면 자신의 욕망에 갇혀서 끊임없이 확대되고 증폭되는 욕망의 소용돌이에 묻혀 버리기 때문입니다. 바로 다음 장에서 살펴볼 영화 〈샤이닝〉의 잭처럼 말입니다.

높이의 욕망에서 잘 내려오는 일은 자신의 정체성을 바탕으로 한계를 인식하고, 욕망을 절제하는 일입니다. 하녀는 자신을 정면으로 바라보지 못했고 욕망을 절제하지 못했기 때문에 내려오기에 실패했습니다. 그러고 보니 선각자들이 모두 절제를 외친 것은 높은 경지에 올라 밑을 바라보았기 때문은 아닐까 합니다.

높이의 욕망은 계단이 지니고 있는 게 아닙니다. 계단을 오르고 내리는 인간이 투영한 욕망입니다. 김종삼 시인의 〈엄마〉라는 시는 그런 의미에서 한번은 음미할 맛이 있습니다.

> 아침엔 라면을 맛있게들 먹었지
> 엄만 장사를 잘할 줄 모르는 행상이란다
>
> 너희들 오늘도 나와 있구나 저물어 가는 산허리에
>
> 내일은 꼭 하나님의 은혜로
> 엄마의 지혜로 먹을 거랑 입을 거랑 갖고 오마
>
> 엄만 죽지 않는 계단

엄마는 아이들이 딛고 올라가기 위해 묵묵히 그곳에 있습니다. 계단도 마찬가집니다. 하지만 설령 아이들이 올라가기를 실패하고 내려올 수밖에 없어도 엄마는 아이들의 실패를 꾸짖지 않습니다. 올라가기와 내려가기는 같이 존재한다고, 엄마는 죽지 않는 영원 속에서 알려 줄 뿐입니다. 저기 놓여 있는 계단처럼.

여러분이 높이의 욕망을 갖고 지금 오르고 있다면 한 번쯤은 발밑을 바라보고 생각해 봐야 하지 않을까요. 어떻게 내려갈지를.

칼럼 4 : 나와바리? 테리토리? 개인 공간?

개인 공간은 때론 자기 영역이라는 뜻으로 표현되기도 합니다. 영역은 일본어로 나와바리縄張り, 영어로는 테리토리territory라고 합니다. 나와바리는 어느 때부터인가 우리도 일상 용어로 쓰고 있는데, 아마도 조폭 영화의 영향이 크다고 할 수 있습니다. 하지만 엄격히 말하자면 개인 영역을 뜻하는 테리토리나 나와바리라는 표현은 개인 공간과는 차이가 있습니다.

우선 연구자들은 개인 공간이란 개인이 존재하는 곳이라면 어디든지 따라다닌다고 간주합니다. 즉 명동이나 홍대 앞, 자갈치 시장 같은 고정된 장소는 테리토리에 속하는 반면, 개인 공간은 개인이 화장실이든 공원이든 아니면 극장의 좌석이든, 어떤 곳에 가더라도 만들어지기 때문입니다.

그래서 영역은 경계를 표시하는 것이 가능하지만 개인 공간의 경계를 표시하는 것은 애매하거나 불가능합니다. 동물이 배설물 등으로 자기 영역을 표시하는 마킹marking 행위처럼 '사유지이므로 들어오지 마시오'라고 푯말을 세울 수는 있지만, 길을 걸을 때 만들어지는 개인 공간이 어디까지인지는 물리적으로 나타내기 어렵습니다. 또한 개인 공간은 개인의 신체와 같은 물리적 존재가 반드시 필요하지만, 영역은 개인이 존재하지 않아도 상관없습니다.

따라서 개인 공간은 사적 공간private space 또는 공적 공간public space이라는 구분 없이 존재할 수 있습니다. 사적 공간이란 한 사람의 개인, 또는 개인과 아주 가까운 사람만을 대상으로 하는 공간입니다. 이에 비해 공적 공간은 광장 · 역 · 공항 · 호텔과 같이 일반 사람이 모두 이용할 수 있는 공공장소를 의미합니다. 물론 공공장소도 때에 따라 일정한 규칙이나 암묵의 규칙에 의해 특정 범주에 속하는 사람만을 대상으로 하기도 합니다. 예를 들어 공항은 누구나 갈 수 있지만, 공항 로비에서 음식을 펼쳐 먹거나 자거나 노래하지 않는다는 암묵의 규칙을 지키지 않으면 쫓겨납니다.

사적 공간은 보통 집이나 방이 핵심 공간이 됩니다. 사무실 책상 주변도 일종의 사적 공간이 되지만 누구나 접근할 수 있는 곳이므로 집이나 방이 지니는 사적 공간의 강도만큼은 아닙니다. 사람들은 사적 공간에서는 자신이 하고 싶은 대로 마음껏 공간을 바꿀 수 있습니다. 자기 정체성을 충실히 반영시키는 공간입니다.

하지만 이에 비해 공적 공간은 자기 마음대로 바꿀 수 없습니다. 그래서 사람은 자기 스타일, 정체성에 어울리는 공적 공간을 선택할 수밖에 없습니다. 마음에 드는 카페 · 호텔 · 공원 등을 찾는 것도 바로 그런 이유입니다.

그러므로 경우에 따라서는 그 사람이 이용하는 공적 공간을 분석하면 그 사람을 파악할 수 있기도 합니다. 또 어떤 공적 공간을 개인이 혼자서 독점할 수 있는 기회가 있게 되면 사람은 그 공간에 자신의 스타일을 부여합니다. 아무도 없는 교실에서 칠판에 낙서를 하거나 책상을 자기 마음대로 배열하고 즐기는 것도 이런 심리에서 비롯합니다.

CHAPTER

5

집의 욕망

자유를 위한 뿌리내림

금이라고 해서 모두 빛나는 것은 아니며 방황하는 자가 모두 길을 잃는 것은 아니다.

강한 자는 나이 들어도 시들지 않으며 깊은 뿌리에는 서리가 닿지 못한다.

-영화 〈반지의 제왕〉

2000년대 중반 한 대형 아파트 건설 회사에서 조금 특이한 광고를 선보였습니다. 아파트를 짓는다는 표현을 쓰지 않고, 자신들은 햇살을 심고, 바람을 심고, 숲을 심고, 공원을 심는 사람들이라고 했죠. 그리고 잘 만들어진 아파트 내부나 편의 시설을 보여 주지 않고, 나무를 심고 물이 흐르고 바람이 부는 모습을 보여 주었습니다. 이 건설사의 집에 대한 해석은 '짓거나 만드는 것'이 아니라 '심는 것'이었던 셈입니다. 마치 나무가, 꽃이, 풀이 뿌리를 내리고 주변 환경과 조화롭게 살아가는 것처럼 집도 그러해야 한다고 말하면서.

흔히 우리가 뿌리라고 부르는 것들이 있습니다. 어머니 · 핏줄 · 고향 · 조국 등이 그렇습니다. 그리고 여기에 집이 포함됩니다. 뿌리는 '자신을 나타내는 가장 근본적인 속성'의 출발을 밝히는 이미지를 갖고 있습니다. 내가 태어난 곳은 어디인가, 누구의 자손인가, 사는 곳은 어디인가. 우리는 이 뿌리에 한쪽 발을 딛고 다른 발을 넓게 디뎌 세상에 자신을 드러내기 시작합니다. 그러므로 집은 인간이 세상에 발을 내밀어 보이는 기준점입니다.

집은 일정한 땅에 기초공사를 하고 그 위에 짓는 건축 과정을 거칩니다. 그러니 집을 나무로 비유하면 뿌리를 내리고 자리를 잡는 꼴이 됩니다. 집이 튼튼히 뿌리를 내리고 있지 않으면 바람에 쉽게 흔들리고 허물어질 것이고, 그 안에 살고 있는 사람을 지켜 주지 못합니다.

따라서 뿌리를 가진 집은 그곳에서 살아가는 사람들이 세상에 뿌리를 내릴 수 있도록 터를 내어 주는 존재이기도 합니다. 가족 구성원은 집이라는 공간에서 비로소 하나의 가족이 됨을 확인하면서 자신의 출발, 즉 뿌리가 여기에서 시작되었다고 느낍니다.

그래서 사람들은 뿌리내리기 위한 기준점을 찾아서 열심히 집을 짓거나 구하러 다닙니다. 정착하지 않는 유목민조차도 머무를 곳에 도착하면 집부터 세우는 이유입니다. 나무가 뿌리가 있어야 자유롭게 가지를 뻗고 잎을 무성히 하고 마음껏 열매를 맺을 수 있듯이, 인간도 삶의 기준점이 필요하다는 것을 알고 있기 때문입니다.

자유와 뿌리내림

식물이 뿌리를 내리듯, 동물도 일정한 생활 터전을 갖고 있습니다. 나무에 집을 짓는 새는 물론이고, 땅에 굴을 파서 집으로 삼거나, 나무나 돌로 자기 영역territory을 표시하는 동물도 있습니다. 이런 생활의 터전이나 테리토리도 익숙한 환경에서 예측 불가능한 상황을 차단해 안정된 삶을 보장해 줍니다. 하지만 안정된 삶을 뒤집으면 변화가 없는 단조로움을 의미하기도 합니다.

본능에 따라서 삶을 영위하는 동식물과는 달리 인간은 자유의지free will를 갖고 있습니다. 인간은 안정된 삶과 동시에 변화가 있는 새로운 삶도 추구합니다. 매일 똑같은 생활을 하면서 내일은 오늘과는 다르리라 기대하고,

내일의 나는 새로운 나였으면 좋겠다고 생각합니다. 그것도 자신의 자유로운 선택에 따라 가능해지기를 바랍니다.

인간이 지닌 '안정 대 자유'의 사투는 아주 오래전부터 있어 왔지만 특히 시장경쟁주의가 대부분의 사회에 자리 잡기 시작한 20세기에 들어서 주목을 받아 왔습니다. 사회심리학자 에리히 프롬Erich Fromm이 《자유로부터의 도피》를 저술한 것도 인간은 자기 능력을 맘껏 발휘할 수 있는 자유로운 상태를 갈구하지만, 자유를 추구하는 결과 맞닥뜨려야만 하는 불확실성과 자유롭게 선택한 결과에 대해 자신이 져야 할 무거운 자기 책임에 굴복해 다시 체제 안에서의 안정으로 회귀하고자 하는 마음을 꿰뚫어 보았기 때문입니다.

집을 뿌리라고 생각하기 때문에 오랫동안 사람들은 집을 기점으로 하는 영역에서 벗어나기 힘들었습니다. 그래서 집의 집합체인 마을 공동체를 형성하고 공동체 안에서 생을 영위했습니다. 특히 선조 대대로 같은 마을 공동체에 속해 있었다면 아마도 집은 개인의 일생을 지배하는 족쇄와 같았을지도 모릅니다.

그래서 자유를 맛보기 위해 집을 뛰쳐나왔습니다. 노비는 새로운 신분을 위해, 홍길동 같은 서자는 능력 발휘를 위해, 남편을 잃은 새색시는 열녀문을 노리는 시댁의 자살 압력을 피해 집에서 도망을 칩니다. 그들은 자유를 찾아 뿌리라고 믿고 있던 집을 과감히 버렸습니다. 집을 버려야 그 뿌리가 닿아 있던 시대와 사회의 모든 것으로부터 자유로워질 수 있기 때문이죠.

현대를 사는 우리에게 이전과 같은 의식이 다소 약해졌다고 해도, 집이 지니는 뿌리내림의 의미는 크게 달라지지 않았습니다. 그래서 아이와 부인과 남편과 부모도 집을 나옵니다.

하지만 집을 나온 그들 앞에 놓인 미래는 불확실하며 안정적이지 않습니다. 집에 있을 때 경험하는 불안과 우울을 자유가 깨끗이 씻어 주리라 기대하지만, 결국 그들 앞에 있는 것은 또 다른 얼굴을 한 불안과 우울일지도 모릅니다. 그래서 호기롭게 큰소리치며 나온 집을 저녁이 되면 슬그머니 다시 찾아 들어갑니다.

뿌리내리고 싶은 집을 찾으면서도 다시 그 집을 벗어나고자 하는, 묶이고 싶어 하면서도 벗어나고자 하는 이 이중적 욕망. 집은 이 양가감정을 지닌 채 여전히 우리에게 생을 영위하는 공간으로 존재합니다.

그런 면에서 이제 태어난 곳에서 죽음을 맞이하지 않아도 되는, 아니 그럴 수 없는 공간 경쟁 사회는 우리에게 질문을 던집니다. 2년마다 돌아오는 전세 계약서에 불안을 느껴야만 하는 우리에게 말입니다.

너는 제대로 뿌리내리고 살고 있냐고. 아니면 진정한 자유를 찾았냐고. 그리고 그 공간은 너에게 어떤 뿌리의 정체성을, 아니면 어떤 자유의 정체성을 너에게 주고 있냐고.

정체성의

힘

구글Google scholar이 20세기 출판된 인문계 학술서 중에서 인터넷에 공개된 학술 논문이나 학술서에 인용된 횟수를 집계해 100위까지 순위를 발표했습니다. 이 가운데 24위에 《The Rise of Network Society》(1996), 82위에 《The Power of Identity》(1997)의 두 저서를 올린 사람이 있습니다. 우리에게 조금 낯선 이름인 마누엘 카스텔Manuel Castells. 정보화사회와 관련된 3부작의 저작으로 정보화사회 문명론자의 대표로 떠오른 스위스 사회학자입니다.

세계가 인터넷이라는 네트워크로 연결되기 시작하자, 모두 유명한 미디어 학자 마셜 매클루언Marshall McLuhan이 말한 '지구촌global village'이라는 단어를 떠올렸습니다. 세상 사람들이 자유롭게 소통하는 세상, 그래서 마치 한마을 사람처럼 서로를 이해하고, 상부상조하는 세상, 의사소통이 활발해지면 세상이 좁아져서 그런 세상이 도래하리라고 기대했습니다. 하지만 카스텔은 조금 다른 견해를 갖고 있습니다. 그는 《The Power of Identity》에서, 네트워크 사회에서는 오히려 근본적 정체성의 원천, 즉 민족 · 국가 · 종교 · 문화 · 도시 등이 더 중요한 역할을 할 것이고, 이것들이 사회 갈등의 원천이 될 것이며, 사회운동의 방향을 결정지을 것이라고 보았습니다. 그의 정보화사회 3부작의 마지막 작품인 《End of Millenium》이 발표되고 3년 후, 그의 예견대로 민족 · 종교 · 문화 갈등으로 전례를 찾기 어려운 사건이 발생했습니다. 바로 9·11테러 사건입니다.

흔히 현대사회를 '정체성 상실의 시대'라고 합니다. 내가 누구인가를 결정짓는 이전의 요소들이 지닌 힘이 점차 약해지면서 무엇을 정체성의 기준으로 삼는가라는 문제가 대두되었기 때문입니다. 너무나 뚜렷하게 구별되던 성정체성도 생물학적 의미의 'SEX'보다는 사회적·심리적 성정체성을 뜻하는 'GENDER'로 바뀌었습니다. 성전환 수술도 할 수 있고, 성별을 바꾸는 것도 재판을 통해 가능해졌습니다. 이름도 재판으로 바뀌는 시대가 되었고, 살고 있는 지역도 얼마든지 바꿀 수 있게 되었고, 머리 색깔도 바꿀 수 있고, 좋아하고 싫어하는 음식·사람·물건 들도 여러 자극을 접하면서 바꿀 수 있는 기회가 많아졌습니다. 이혼을 하는 것도 그다지 문제가 되지 않는 사회가 되었고, 가족의 형태도 다양해졌습니다. 여기에 가상 세계까지 등장하면서 그야말로 '나는 누구인가?'를 무엇으로 정의해야 하는지가 혼란스러워졌습니다. 어제는 여자였고, 서울에 살았고, 아내였고, 쇼핑을 좋아하던 나는 오늘 남자로, 부산에 살면서, 독신이며, 일하는 것이 즐겁습니다.

카스텔은 네트워크 시대이기 때문에, 오히려 자신의 존재 근거를 형성해 주고 자신을 인식시켜 주는 정체성 형성에 대한 욕구가 커지리라고 보았습니다. 그리고 이런 정체성 추구에 대한 욕구는 비교적 개인화된 요소가 아니라 불변적 요소인 민족·국가·종교·문화를 기반으로 더 강해지리라고 예상했습니다. 앞으로의 시대가 '정체성의 힘The Power of Identity'이 더 강해지는 시대, 사회적 의미를 지니는 시대라고 본 그의 예상은, 현실을 돌아보면 크게 빗나가지 않은 듯합니다.

정체성은 어느 하나에 뿌리를 내리고 자신을 규정지으려고 하는 노력에서 시작되었다고 할 수 있습니다. 그 뿌리는 다양하게 내릴 수 있지만, 어떤 사람은 중심 뿌리가 민족에, 어떤 사람은 취미에, 어떤 사람은 직업에 속해 있죠. 하지만 만일 그 중심 뿌리가 확실히 땅에 박혀 있지 않고, 그저 잔뿌리만 여기저기 흩어져 있다면 어떤 일이 벌어질까요? 자신이 누구인가에 대한 확신과 일관성이 존재하지 않아서 스스로의 존재에 대한 의문으로 항상 힘들어 할 것임이 틀림없습니다.

정체성 〉

뿌리내리기 〉

장소 찾기

정체성의 확립은 심리학에서는 마치 지상 명제처럼 모든 사람에게 중요한 숙제입니다. 자기 정체성을 확실히 인식하고 있고 이에 따라 행동하지 않으면 많은 혼란을 겪고 정상적 사회생활이 불가능하기 때문입니다. 정체성은 앞서 말한 대로 자신을 인식하는 근거를 만드는 작업입니다. 근거는 영어로 'ground', 뿌리를 내리는 땅을 말합니다. 한자로는 '根據'로, '뿌리 근根'에 '의지할 거據'로 뿌리가 의지하는 곳인 땅을 뜻합니다. 정체성이 존재의 근거를 만들 때는 일단 존재의 가장 바탕이 되는 부분인 상징적 땅이 필요합니다.

정체성의 근거가 되는 요소는 사회 발달과 더불어 많은 변화를 보여 왔습니다. 이전에는 주로 성별, 태어난 지역, 가문 등이었습니다. 이는 사회 신분이 고정되어 있으며 지리적 이동도 여의치 않았으므로, 자신이 죽을 때까지 '나는 이러이러한 사람이다'는 정체성을 나타냈습니다. 신분제도가 확립되고 교통이 발달되지 않은 상태에서는 다른 세상을 접하는 기회도 적어서 정체성 혼란은 그다지 많지 않았을 것입니다.

하지만 점차 신분제도가 사라지고 교통이 발달하면서 앞서 말한 바와 같이 '정체성의 상실' 시대에 접어들었습니다. 일부에서는 정체성의 상실이 아니라 정체성의 확대라고 말합니다. 이는 긍정적으로 보느냐 부정적으로 보느냐의 차이일 뿐 크게 다르지 않습니다. 지나치게 개방적으로 자신의 공간이 확대되는 것은 점차 '내 것'이라고 현실적으로, 감각적으로 느낄 수 있는 공간이 사라지는 이야기도 되기 때문입니다.

인간은 심리적으로 자기 정체성을 확실히 하지 않으면 존재에 대한 불안과 혼란을 느낍니다. 정체성을 심리학 영역에서 학문으로 연구한 에릭슨은 이런 혼란의 시기가 바로 사춘기라고 했습니다. 따라서 정체성의 상실이나 확대의 시대에서는, 인간은 가장 근본적 부분에 대해서는 변하지 않는 정체성을 일관적으로 적용시키려고 합니다. 그 뿌리 요소는 카스텔의 분석처럼 민족이나 종교, 문화가 될 수 있을 것입니다.

가장 근본적인 것에 뿌리를 내리는 것을 만일 정체성이라고 본다면, 정체성의 1차적 단계는 상징적으로 뿌리를 내리는 땅을 찾는 일입니다. 땅이 있어야 뿌리를 내릴 수 있으니까요. 다시 말해 내가 서울 시민이라는 정체성을 갖고 있으면 일단 '서울'이라는 땅이 있어야 '서울 시민이라는 생각'의 뿌리를 내릴 수 있습니다. 이때 땅은 나 혼자만의 것이 아니라 다른 사람들과 공유해야 합니다. 그래야 다른 사람도 '서울' 하면 이해할 수 있습니다. 또 다른 예로 '난 프로야구 롯데 팬'이라는 정체성은 '롯데 프로야구단'이라는 땅이 있고, '그 팬의 입장'이라는 뿌리를 내리는 일입니다. 이때 롯데 프로야구단은 사람들도 알고 있어야 합니다.

그러므로 땅을 찾지 못하면 정체성을 확립하기 어렵습니다. 땅을 발견해야 그 땅에 내가 뿌리를 내릴 것이냐 마느냐가 결정됩니다. 그리고 뿌리를 내리면 정체성의 핵심 또는 일부가 성립됩니다.

이런 식의 사고는 아주 오랜 옛날부터 세계적으로 공유되어 왔습니다. 어느 한곳에 뿌리를 내리지 못하고 떠돌아다니는 사람. 이런 사람은 자신이 누구인지 항상 고민합니다. 길을 자신의 집으로 삼아 다닌다고 하지만, 항상 자신의 존재 의의에 대해 의문을 갖고, 자신의 목적과 욕구에 대해 끊임없이 번민합니다. 전설 · 설화 · 민화 · 동화에 등장하는 방황하고, 떠돌고, 방랑하고, 집을 나온 사람은 대부분 자신이 갖고 있는 핵심 정체성을 상실하거나, 아니면 어떤 확고한 정체성을 가지기 위해서 길을 나선 사람입니다.

〈백설 공주〉를 해석하는 방법에는 여러 가지가 있습니다만, 융 학파의 심층 분석에서는 〈백설 공주〉와 같은 여자아이가 나오는 동화를 성장 동화로 간주하고, 여자아이가 여성이 되어 가는 과정을 상징적 · 심리적으로 묘사한다고 해석합니다. 백설 공주는 일곱 살에 왕비로부터 도망쳐 일곱 난쟁이 집에서 살게 됩니다. 즉 이전까지 자기 정체성의 핵심이던 '왕의 딸인 공주'라는 정체성을 상실하고 숲길을 떠돌다 난쟁이의 집에 정착합니다. 그리고 난쟁이와 함께 있으면서 빨래 · 요리 · 청소를 통해 성인 여성의 정체성을 갖춰 나가고 왕자와 결혼을 해도 전혀 이상하지 않은 완벽한 여성으로 성장합니다.

정착하지 못하고 떠도는 동안은 정체성도 확실히 자리 잡지 못하고 몸과 같이 떠돌고 있습니다. 마치 부유하듯이 말입니다.

방랑이 지니는 부정적인 사회 이미지

인류 문명의 발상지 대부분은 비옥한 농지를 갖춘 곳입니다. 역사적으로는 사냥이나 채집에 의존하던 생활양식에서 일정한 거주를 가진 농경사회로의 전환이었습니다. 농경사회는 노동 집약적이라는 특성상, 개인 거주지가 한곳에 모이는 마을을 형성하고 이내 도시로도 발전합니다.

특정 지역에 정착해 집단을 이루고 생활하는 사회에는 자연스레 집단 규율이 생기고, 이는 법제로도 발전합니다. 만일 집단생활에서 규율을 어기게 되면 그 개인 또는 가족은 마을에서 쫓겨납니다. 이는 동서고금을 막론하고 변함이 없습니다. 현대사회에서도 동네에서 불상사를 일으킨 집은 여러 이유로 그 동네에서 계속 생활할 수 없어 이사를 떠납니다.

따라서 집단생활을 기반으로 하는 사회에서 자신이 속한 집단이나 마을을 떠나 다른 곳에 정착하지 못하고 떠돌아다니는 것은, 사회적으로 결코 긍정적인 의미로 받아들여지지 않았습니다. 전통적으로 유목 민족을 예외로 한다면, 유럽의 집시나 우리의 남사당에 대한 사회적 편견 등에도 이러한 '방랑' 전반에 대한 부정적 이미지가 영향을 미쳤습니다.

그러므로 현대사회에서 일정한 곳에 거주한다는 말은 사회생활을 하는 데 가장 기본으로 갖춰야 하는 요건이라 할 수 있습니다. 우리나라뿐만 아니라 선진국에서도 문제가 되고 있는 '노숙자homeless'는, 단순히 잠자리가 없다는 의미보다는 일정한 거처가 없다는 점에서 사회적 보살핌이 필요한 존재입니다. 일정한 거처란 '돌아갈 수 있는 곳'을 말합니다. 윌 스미스가 주연한 2006년도 영화 〈행복을 찾아서〉를 보면 일정한 거처가 우리에게 얼마나 중요한지를 알 수 있습니다.

일정한 거처가 되는 집은 앞서 설명했듯이 실제 생활에서도 자기 정체성을 표현하는 가장 중요한 수단이 되기도 합니다. 정체성의 영어 표현인 'identity'는 '나=A라는 사람의 증명'을 뜻합니다. 우리가 흔히 ID카드라고 부르는 것은 identity card 또는 identification card를 지칭합니다. 어딘가를 방문하거나 또는 어느 기관에서 일하게 되어 ID카드를 발급받으려면 우리는 이름과 전화번호 또는 주소를 기입합니다. 자신이 누구라는 것은 기본적으로 '불리는 이름'과 '연락처' 그리고 '주소'입니다. 어떤 모임에 나가거나, TV나 라디오에서 자기소개를 할 때도 대부분의 사람은 '어디에 사는 누구입니다'라고 말합니다. 여기서도 이름과 거주지가 '나는 누구다'를 말해 줍니다.

따라서 상징적 · 심리적 차원에서는 물론이고 현실에서도 일정한 주거지가 없이 방랑한다는 것은 타인에게는 왠지 믿을 수 없는 의심의 눈을 갖게 하고, 본인 스스로는 일반적 사회생활에 대한 불편과 불안을 느끼게 되는 요인이라 할 수 있습니다.

이동 가능한 집?

일정한 거처가 없는 방랑자도 잠을 자고 식사를 합니다. 그러므로 그들에게도 '집'은 존재합니다. 집은 사전적 의미로는 '사람이나 동물이 추위 · 더위 · 비바람 등을 막고 그 속에서 살기 위해 지은 건물'이기 때문에 그 건물이 반드시 일정한 곳에 계속 존재할 필요는 없습니다. 유목민은 나무와 짐승 가죽으로 만든 집을 짓고 잠시 생활하다가, 집을 해체해서 다른 곳으로 이동합니다. 이렇게 생각하면 방랑자에게도 집은 존재할 수 있습니다.

실제로 우리에게도 움직이는, 다시 말해 이동 가능한 집은 의외로 모두에게 익숙합니다. 점차 우리나라에서도 보급되기 시작한 캠핑카처럼 잠시 동안의 생활이 가능한 차도 있고, 트레일러하우스처럼 아예 주거가 가능하도록 만들어진 차도 있습니다. 유럽 등지에서는 하우스보트처럼 물 위에서 생활이 가능한 집도 있습니다. 이런 집의 특징은 '추위 · 더위 · 비바람을 막고 생활 가능한'이라는 집의 기능을, 교통수단에 접목시켰다는 점입니다. 우선 이동하기 위한 수단을 먼저 선택한 후, 이동 수단을 개조해 집의 기능을 더한 셈이죠.

일본에는 목질 패널 공법으로 만든 소위 '프레하브prefabricated 주택'이라 불리는 집이 있습니다. 이 집도 쉽게 분리할 수 있고 세울 수 있어 넓은 범위에서 보자면 이동식 주택으로 간주됩니다. 유목민의 집과 같은 이런 집은 '일반적 의미에서의 집'을 어떻게 하면 빨리 해체하고 세우느냐에 초점을 맞춘 것입니다. 따라서 해체된 집을 운반하는 트럭이나 말 등의 도움이 필요합니다.

방랑을 '이동'에 초점을 맞출 경우 전자의 캠핑카처럼 교통수단에 집의 기능을 더하는 것이 효율적입니다. 특히 혼자서 방랑을 하는 사람이라면 더욱 그렇습니다. 하지만 이건 어디까지나 현대 기술의 산물입니다. 그러므로 누군가 자동차가 없던 시절에 방랑하고자 생각했다면 교통수단보다는 집 자체를 어떻게 하면 좀 더 이동성이 뛰어나게 만들까를 고민했을 것입니다. 하지만 현실적으로는 아마 실현 불가능한 일이었을 것입니다.

영국의 동화 작가 다이애나 윈 존스Diana Wynne Jones는 1986년 스스로 걸어서 움직이는 집이 등장하는 동화를 썼습니다. 2005년 미야자키 하야오 감독이 만든 애니메이션 〈하울의 움직이는 성〉의 원작이기도 합니다. 그녀는 어느 날 방문한 학교에서 학생들과 이야기를 나누던 중 한 학생의 '움직이는 성에 대한 이야기를 써 주세요'라는 부탁을 받고 집필을 시작했습니다. 역시 이런 발상은 어린이의 상상력에서 비롯되나 봅니다.

"아니 이게 뭐야, 이게 성이야?"

〈하울의 움직이는 성〉은 이야기가 주로 하울의 집인 '성城'을 무대로 전개됩니다. 하울이 생활하는 성은 불의 악마 캘시퍼의 힘으로 움직입니다.*

원작 소설에서 성은 거무스름한 색에 연기를 뿜는 모습일 뿐 구체적으로 어떤 형상인지 명확히 묘사되지 않습니다. 하지만 시각 이미지를 전달해

---

* 불의 악마 캘시퍼Calcifer는 자신이 신보다 위에 있는 존재라는 생각을 갖고 반란을 일으키지만 대천사들에 의해 저지당하면서 지옥에 떨어진 타락천사 '루시퍼lucifer'의 이름에서 따왔다고 한다. 루시퍼는 '빛을 옮기는 자'란 뜻이다. 캘시퍼가 악마이면서도 미워할 수 없는 이미지로 그려진 것은 아마도 천사와 악마의 마음을 모두 지닌 루시퍼의 이미지에서 빌려온 듯하다. 미야자키 감독은 캐릭터의 이름을 재미있게 짓기로도 유명한데, 〈이웃집 토토로〉의 주인공 '메이'와 '사쓰키'의 경우, 메이는 5월을 뜻하는 영어 'May'의 발음, 사쓰키는 '五月'의 전통적 일본어 표기 발음이다. 우리식으로 하면 12월을 섣달로 읽는 것과 같다. 감독이 당초 한 아이를 주인공으로 생각했다가, 두 사람으로 인격을 분리시키면서 같은 의미의 이름을 부여했다고 한다.

〈하울의 움직이는 성〉에 등장하는 성

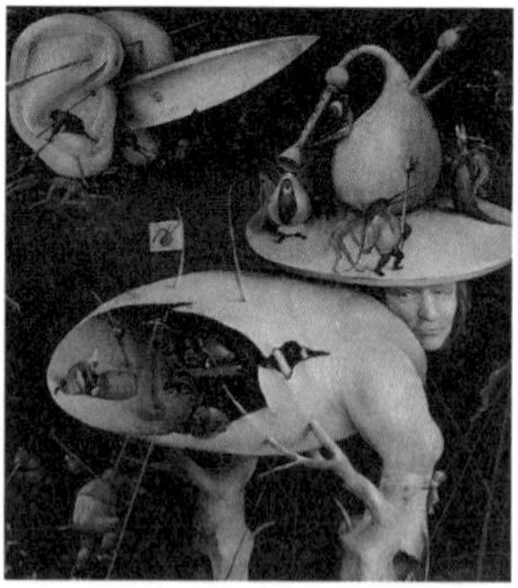

히에로니무스 보스가 그린 그림의 일부

인간, 동물, 기계 등을 합쳐서 기괴한 형상을 만들어 냈는데,
그보다 후대의 화가인 피터르 브뤼헐Pieter Bruegel the Younger(아들)도 유사한 화풍을 보였다.

야 하는 애니메이션에서는 구체적으로 묘사할 필요가 있습니다. 미야자키 감독은 하울의 성을 자신의 독창적 아이디어에 따라 일반적으로는 성이라고 표현하기 힘든 모습으로 그려 냈습니다.

애니메이션의 무대가 19세기 말, 마법과 과학이 공존하는 상상의 세계로 설정되었기 때문인지는 모르지만 왕자님이 사는 멋진 성이기보다는 잡동사니를 이리저리 붙여 놓은 기괴한 형상입니다. 자세히 보면 아랫부분엔 마치 심해에 사는 물고기처럼 꼬리지느러미가 있고, 눈도 있습니다. 입에는 대포처럼 생긴 물체가 삐죽 나와 있는데, 대포는 윗부분에도 몇 개인가 눈에 띕니다. 물론 굴뚝에서는 검은 연기가 피어오릅니다. 반인반수가 등장하는 기이한 그림을 즐겨 그린 화가 히에로니무스 보스Hieronymus Bosch의 그림이 떠오릅니다.

애니메이션에서 황야의 마녀에게 저주를 받아 갑자기 아흔의 노파가 된 소피는 집을 떠나 헤매다 들판에서 어려움에 처한 허수아비를 만나 도와줍니다. 허수아비에게 지낼 만한 곳을 찾아 달라고 부탁하자, 허수아비는 하울의 성을 데리고 옵니다. 이때 성의 모습을 처음 본 소피는 놀라 실망스러운 목소리로 말합니다.

아니 이게 뭐야, 이게 성이야?

우리가 생각하는 성은 으리으리하고 호화스럽고, 그곳에서 생활하는 사람들도 멋지고 우아하고 지위가 높습니다. 하지만 하울의 성은 이동하는 건물이기 때문에 규모가 클 수 없다고 예상할 수 있습니다. 그런데 겉모습이 제대로 된 성은커녕 집의 형상도 갖추지 못했습니다. 사람이 살 수 있을 것 같지도 않습니다. 보통은 앞쪽에 있어야 할 문은 성의 뒤쪽, 즉 물고기의 항문에 해당하는 부분에 있습니다. 소피는 지금까지 마을 사람들이 '하울의 성'이라고 불러 온 것이 너무나 엉망진창처럼 보여서 놀란 것입니다.

하울의 성의 특징은 세 가지로 요약할 수 있습니다.

우선 다양한 개념의 조합체입니다. 물고기라는 자연적이고 생물적 이미지와 대포, 군함의 연통, 기계적으로 움직이는 다리 등 인위적이고 무생물적인 이미지가 조합되어 있습니다. 마치 사이보그 같은 느낌입니다.

성의 두 번째 특징은 이렇게 이것저것 조합해 이루어진 것, 게다가 그 조합이 통일성이나 일관성이라는 의미에서 전혀 미적인 느낌을 주지 않는, 그야말로 그냥 아무렇게나 구성되어 있다는 무작위성의 특징입니다.

마지막으로 이름의 특징으로, 도저히 '성'으로 볼 수 없는데도 '성'으로 불리고 있다는 점입니다.

이 세 특징은 성이 처음 등장하면서 보여 주는 기괴한 형상이 하울의 정체성을 얼마나 충실히 반영하는지를 말해 줍니다. 여기서 잠깐 하울의 정체성을 들여다볼 필요가 있습니다.

젠킨스,
펜드래곤
그리고 하울

애니메이션에서는 하울이 정말 어떤 사람인지, 정체를 알 수 있는 단서가 거의 없습니다. 그가 어디서, 어떤 환경에서 태어나, 어떤 부모 밑에서 자랐는지, 친구는 있었는지 전혀 언급되지 않습니다. 고작해야 마법사 삼촌이 있었다는 정보만 있습니다. 또 왕실 마법사 설리번과 황야의 마녀와 하울이 정확히 어떤 관계인지조차 파악하기 어렵습니다.

그에 대해서 알 수 있는 것은 그가 악마 캘시퍼와의 계약을 통해 심장을 주는 대신 별똥별에게 생명을 주었다는 것, 전쟁에 마법사들이 불려 나가 이용되는 과정에서 그는 전쟁에 나가기 싫어하고, 자신의 고집대로만 행동하려 한다는 정도입니다. 그리고 가장 중요한 정보는 하나가 아닌 여러 이름을 갖고 있다는 점입니다. 시장에게는 젠킨스, 국왕으로부터는 펜드래곤이라는 이름으로 초청장을 받습니다. 그러므로 하울이라는 이름을 합치면 적어도 세 가지 이름을 갖고 있는 셈입니다.

이름은 자신이 누구인지를 증명하는 가장 유효한 수단입니다. 그래서 대부분의 이야기에는 미래의 사람이든, 과거의 사람이든, 외계인이든, 로봇이든 이름이 붙어 있습니다. 심지어는 동물이나 사물에도 이름을 붙입니다. 이름을 붙이는 이유는 다른 존재와 구별하기 위해서며, 이는 세상에 그 존재가 하나밖에 없다는 것을 보여 주기 위해서입니다. 따라서 그가 범죄자이거나 다른 이유로 가명을 쓰지 않는 한 이름은 하나여야 합니다. '나=이름'이어야 하기 때문이죠.

하지만 하울은 그 이름을 상대에 따라 다르게 사용합니다. 그가 마법사라서 이름에 따라 다른 얼굴을 하고 있는지도 모릅니다. 마치 그의 조수 마이클이 평상시에는 어린아이였다가 누가 찾아오면 노인의 모습으로 바뀌는 것처럼 말입니다. 그러므로 의도했든 아니든, 그는 자신을 적어도 세 사람 이상의 인물로 쪼개서 세상을 살아가고 있는 셈입니다. 아마도 그 인물들은 대면하는 사람인 시장, 국왕 등에 따라 다른 정체성을 갖고 있을 것입니다.

하울이 다양한 정체성을 갖고 있다는 것은 이름만이 아니라 외모의 변화에서도 알 수 있습니다. 평상시에는 금발의 멋진 청년입니다. 하지만 이것도 마법의 힘으로 유지되는, 변하기 쉬운 외모입니다. 소피가 지저분한 집(성이라 불리지만 소피 혼자서 청소가 가능할 정도의 규모인 집)을 청소하면서 목욕탕을 깨끗이 치워 놓습니다. 전쟁터에서 일을 끝내고 돌아온 하울이 목욕을 하다가 말고는 갑자기 뛰어나옵니다. 금발이던 머리는 주황색이 되더니 이내 검정색으로 바뀝니다. 하울은 "아름답지 않으면 살 의미가 없어"라고 중얼거리고, 몸에서는 녹색 액체가 흘러나옵니다.

하울의 외모가 가장 극단적으로 변하는 때는 얼굴부터 몸 전체가 까마귀와 같은 새로 변해서 전쟁에 임할 때입니다. 보통 마법사가 등장하는 영화에서 마법사는 마법을 사용해 다른 사물을 변화시키기는 하지만, 스스로

새의 모습으로 변한 하울
광폭한 새로 변한 하울은 전쟁터로 나간다.

의 몸을 변화시켜 직접 싸움을 하는 경우는 흔치 않습니다. 하울이 새로 변하는 순간, 그는 몸만이 아닌 마음도 변해서, 모든 것을 다 태워 버릴 것 같은 난폭한 악마가 됩니다. 상황에 따라 이름이 바뀌고 모습이 바뀌는, 그리고 그럴 때마다 성격도 바뀌면서 통일된 정체성이나 일관된 정체성을 갖고 있지 못하기 때문입니다.

하울은 다중인격처럼 다양한 정체성을 내부에 갖고 있는 듯이 보입니다. 그리고 이런 그의 다양한 정체성은 아마도 어린 시절에 형성되었으리라 짐작됩니다. 왜냐하면 하울이 자기 마음속에 가장 소중하고 아름답게 간직한 공간인 어린 시절의 호숫가 초원을 소피에게 보여 주는데, 이 초원에서 불의 악마 캘시퍼와 계약을 하는 장면이 나오기 때문입니다.

'심장=마음'을 지니지 못한 자

하울의 심장은 캘시퍼와의 계약에 의해 캘시퍼의 몸에 들어가 있습니다. 정확히 표현하자면 캘시퍼와 하나가 되어 있습니다. 그러므로 이야기만 보면 하울은 심장이 없는 사람입니다.

심장의 영어 표기는 'heart'입니다. 그런데 heart는 마음을 뜻하기도 합니다. 마음은 추상적 개념이지만 우리는 마음은 가슴에 있다고 생각하고, 그중 심장이 그에 해당하는 장기라고 생각해 왔습니다. 심장은 인간이 생존하는 데 가장 핵심 장기이므로 신체적으로 중요하고, 마음을 뜻하기도 하므로 심리적으로도 가장 중요합니다. 그러므로 심장이 없다는 것은 마음이 없는, 즉 인간의 심리적 측면이 결여되어 있는 사람을 뜻합니다.

정체성은 인간이 '나는 누구인가'에 대한 마음의 활동, 정신 활동에 의해 확립됩니다. 그러므로 소년 시기에 마음=심장을 캘시퍼에게 주기로 계약한 하울에게는 소년 시기 자기 정체성에 머물러 있습니다. 계약 이후 그의 정체성은 스스로가 자신의 의지에 의해 무언가를 한다기보다는, 환경에 휘둘리면서 살고 있다고 보는 것이 적절할 것입니다.

정체성이 소년 시기에 머물러 있는 것은 하울의 방을 보면 알 수 있습니다. 하울의 방은 온통 반짝거리는 장신구와 장난감 같은 것으로 둘러싸여 있습니다. 얼핏 보면 모두가 그저 잡동사니처럼 보이는 데다, 난잡하게 놓여 있어서 정신이 없을 정도입니다. 어린 시절 누구나 어른들이 보면 쓸데없는 물건을 모아서 보물이라고 소중히 간직하던, 그런 물건들이 모여 있는 방이라고 보면 될 것입니다. 그런 점에서 성의 겉모습과 하울의 방은 잡동사니가 어지럽게 모여 있다는 점에서 동일한 이미지입니다. 단지 방은 좀 더 반짝이고 예쁜 것이 모여 있다는 점이 다릅니다.*

잡동사니가 어지럽게 모여 있는 방과 성은 심장=마음이 없다는 사실

* 또한 하울의 방에 이르는 길은 마치 동굴과 유사한 이미지로 묘사되어 있다. 이 때문에 미야자키 감독의 애니메이션을 분석하는 일부 연구자는, 하울이 모성애에 대한 강한 욕망을 지니고 있으며, 설리번, 황야의 마녀, 소피가 모두 그가 추구하는 모성애를 나타낸다고도 설명한다.

하울의 방
빛나는 형형색색의 잡동사니로 어지러운 방에 누워 있는 하울을 찾아온 소피.

에서 바라보면 납득할 수 있습니다. 마음이 없는 인간이란 껍데기일 뿐입니다. 그저 신체가 움직일 뿐 알맹이가 없는 셈입니다.

하울은 자기가 스스로를 인식할 때, 마음이라는 핵심 구심점이 없는 그저 잡동사니가 모여서 만들어진 생물체라는 느낌을 갖고 있습니다. 그러므로 집(성)도 방도 이런 심리 상황을 투영한 모습입니다.

하지만 이런 점은 자신을 불편하고 초라하게 만듭니다. 자신이 아무것도 아니라는 사실은 견디기 힘든 자기 인식이기 때문이죠. 그래서 그는 목욕탕 청소 사건 때 외모에 고집하듯이, 아름다움이라는 보이는 면에만 집착합니다. 하지만 이런 집착은 소피가 성에 들어와서 처음 본, 지저분하기 그지없는 내부와 성의 외부를 보면 그저 자신을 위안하려는 방편이라는 점을 충분히 짐작할 수 있습니다.

어디든 이어진 문,
부유하는 정체성

하울의 성은 걸어 다닙니다. 그렇다고 특별히 어떤 목적지를 향해서 걸어가고 있다는 생각이 들지는 않습니다. 왜냐하면 하울의 성에는 어디든지 갈 수 있는 특별한 장치인 문이 있기 때문입니다.

애니메이션 〈도라에몽〉을 보면 '어디로든 문'이라는 도구가 등장합니다. 도라에몽의 특별 도구 중 하나인데, 문을 열면 어디든지 가고 싶은 곳에 데려다 주는 꿈의 도구입니다. 그런데 이와 같은 역할을 하는 것이 하울의 성에도 있습니다. 성의 문은 오른쪽 상단에 네 가지 색깔 표시가 빙글빙글 돌면서 각각의 색이 나가는 곳을 지정합니다. 각각의 마을로 통하기도 하고, 초원으로, 황야로도 드나들 수 있습니다. 때로는 하울이 싸우러 나가는 문이 되기도 하므로 꼭 네 장소로만 통하는 것은 아닌 듯합니다.

이 문은 대단히 편리해 보이지만 각각의 문을 드나들 때마다 하울은 다른 정체성을 보입니다. 일상적인 하울, 새로 변한 하울, 왕의 부름을 받은 하울, 어린 시절을 간직한 하울 등등. 문은 하울을 끊임없이 변화하는 상황에 직면하게 하고, 이때마다 하울에게 정체성을 바꾸도록 강요하기도 합니다.

집의 내부 공간과 외부 공간을 이어 주는 역할을 하는 문은 이런 식으로 이질적 공간을 이어 주는 도구로도 영화나 애니메이션에 자주 등장합니다. 〈도라에몽〉의 '어디로든 문'도 바로 이런 도구입니다. 따라서 문을 여는 사람은 내부와는 다른 새로운 시간과 공간을 체험하게 됩니다.

문제는 정상적인 집이라면 문을 열고 밖에 보이는 공간은 언제나 동일한 데 반해, 하울의 성은 문을 열 때마다 다른 시간과 공간이 문밖에 존재한다는 사실입니다.

정체성이 만들어지는 과정은, 항상 외부의 타인 또는 사회를 기준으로 자신을 대비해 인식하는 과정입니다. 쉽게 생각해서 1년에 한 번씩 전혀 다른 문화권으로 이사를 하는 가족을 따라다녀야 하는 어린아이를 생각해 봅시다. 이 아이는 '나는 누구인가'를 스스로 인식하는 데 어려움을 겪게 될 것입니다. 우선 나는 어디 어디에 사는 사람인지가 불분명합니다. 언어도 그렇습니다. 이름을 말할 때도 발음이 모두 다를지 모릅니다. 친구들도 일시적으로만 존재할 뿐, 자신을 접하는 사람도 언제 바뀔지 모릅니다. 이런 급격한 환경 변화는 일관된 자신을 발견하는 데 어려움을 줍니다. 변화하는 환경에 적응하기 급급한 자신의 모습 중에 어느 것이 진정한 자기 모습인지 발견하기도 힘듭니다.

하울도 마찬가지입니다. 하루에도 몇 번 그는 문을 통해 전혀 다른 공간으로 나가 전혀 다른 하울로 변해 움직입니다. 게다가 그 문은 공간만이 아니라 전혀 다른 시간으로도 데려다 줍니다. 이런 하울에게 일관된 자신보다는 변화하는 자신이 더 익숙합니다. 일관성이 필요하다는 인식을 하지 못할지도 모릅니다. 따라서 그의 정체성은 하나로 통일되고 일관성을 갖기보다는 늘 여러 정체성이 뿌리내리지 못하고 둥둥 떠다니듯이 그의 안에 자리잡고 있습니다.

어디로든 갈 수 있는 움직이는 성이 있는데도, 어디로든 통하는 문으로 드나드는, 그래서 여기저기 떠돌아다니는 것이 운명처럼 일상화되어 있는 하울의 성. 부유하는 정체성을 지닌 하울의 모습입니다.

자유와
뿌리내림의
조화

하울의 부유하는 정체성은 이야기 끝에서 드디어 방랑을 마치고 정착합니다. 애니메이션의 결말에서 캘시퍼는 소피에 의해 하울의 가슴으로 들어가 심장을 되돌려 주고 자신도 멋진 빛(별)으로 되돌아갑니다. 허수아비는 소피의 키스로 저주가 풀려 이웃 나라 왕자가 되어 전쟁을 멈추게 합니다. 하울의 성은 무너지고 조각조각 부서지지만 하울은 자신이 지켜야 할 사람인 소피의 도움으로 다시 살아납니다. 황야의 마녀도 착한 할머니로 돌아옵니다. 캘시퍼는 다시 소피에게 돌아와서 같이 지내고 싶다고 말합니다.

마지막 장면은 하늘을 나는 멋진 집에 소피와 하울이 멋진 신사 숙녀의 모습을 하고 있습니다. 하늘을 나는 것은 황야를 떠도는 것과 다릅니다. 하늘을 나는 것은 자유를 의미하고, 황야를 떠도는 것은 방랑을 의미합니다. 자신이 누구인지를 지켜야 할 사람을 발견함으로써 확실하게 인식하고, 심장을 돌려받은 하울은 이제 그전까지 자신을 괴롭히던 것들, 전쟁에 참여해야 하는 스트레스, 어린 시절에 고착된 자신 그리고 무엇보다도 캘시퍼와의 계약에서 벗어나 자유를 만끽합니다.

이 집은 하울의 기괴한 성과 겉모습은 유사하지만 좀 더 깨끗하고 나무는 푸르고 빨간 지붕이 얹혀 있고 예전의 보기 싫던 지느러미는 날개로 바

〈하울의 성〉 결말 장면

골격과 외부 윤곽만 남고 모든 것이 바뀌어 하늘을 나는 성이 된다.

꾸어 있습니다. 다시 말해 하울의 모습은 변함이 없지만 정체성이 확립되어 새로운 하울로 태어났듯이, 하울의 성도 기본 골격은 이전의 성과 같지만 집의 이미지와 개념은 전혀 새로워졌음을 말해 줍니다.

새로운 집을 지닌 하울이 새로운 정체성을 집 전체를 통해 표현함으로써 진정한 정체성을 가지게 된 변화의 기쁨을 표현하고 있는 것입니다.

부분적 결여와 정체성 손상

방랑이 정체성 부유를 상징한다면, 집의 일부분이 결여되어 있는 것은 정체성의 부분적 손상 또는 완전성 훼손을 상징합니다.

정체성 손상이나 훼손은, 예를 들면 자신은 남성이라는 생물학적 특징을 지니고 있지만 정신적 성정체성은 여성인 경우가 해당합니다. 이런 경우 명확한 정체성을 갖지 못하기 때문에 심리적 불안과 대인 관계에서의 혼란 등을 야기할 수 있습니다. 따라서 결여나 훼손도 어느 하나의 정체성에 정착하지 못한다는 점에서는 부유하는 정체성과 유사한 결과를 만들어 냅니다.

공간의 결여가 정체성 결여임을 명확히 보여 주는 영화가 배우 조니 뎁과 감독 팀 버튼의 조합으로 만들어진 두 작품, 〈가위손〉(1990)과 〈스위니 토드 : 어느 잔혹한 이발사 이야기〉(2007)입니다.

두 작품은 무려 17년의 간격이 있는데도 불구하고 무대의 구조가 너무

벽과 천장의 통합으로 만들어진, 결여된 공간의 이미지

〈가위손〉에서 에드워드가 처음 등장하는 무너진 지붕이 있는 부분(위)과 〈스위니 토드〉에서 바커가 살던 집이자 살인 이발소(아래).

나 유사합니다.

우선 〈가위손〉에서 주인공 에드워드(조니 뎁 분)는, 어떤 외로운 과학자가 만든 미완성 인조인간으로, 과학자가 인간의 손을 만들어 주려고 했을 때 갑자기 죽은 뒤로는 바깥세상과 단절된 채 성에서 외롭게 혼자 살아갑니다. 그러던 어느 날 화장품 외판원 펙 보그(다이앤 위스트 분)가 신비스런 성에 들렀다가 차가운 가위손을 가진 에드워드를 만나게 됩니다. 그림의 무대는 바로 펙이 에드워드와 처음 마주치는 성의 윗층 부분입니다.

〈스위니 토드〉는 인기 뮤지컬을 원작으로 한 작품입니다. 사랑하는 아내와 딸과 함께 행복하던 이발사 벤자민 바커(조니 뎁 분)가 아름다운 아내를 빼앗을 목적으로 자신을 감옥에 가둔 터핀 판사(앨런 릭맨 분)에게 복수하기 위해, 스위니 토드로 거듭나 이발소를 차리고는 이발을 하러 오는 신사들을 차례로 죽이고 인육을 파이를 만드는 데 사용한다는 내용입니다. 그림의 무대는 바커, 즉 스위니 토드가 전에 가족과 행복하게 살던 곳이기도 하면서, 이발소를 차리고 사람들을 차례로 죽이는 장소이기도 합니다.

우선 두 무대의 공통점은 흡사 다락방을 연상시키듯이, 천장이 경사졌습니다. 그리고 경사진 곳은 바깥세상과 연결되는 이미지를 나타내듯이 햇빛이 들어오거나 밖을 바라볼 수 있게 되어 있습니다. 〈가위손〉에서 천장의 손상된 부분이 마치 창과 같은 역할을 합니다.

그리고 또 하나 두 장소 모두 주인공이 철저하게 고독을 느끼는 장소이면서, 이전에는 행복하던 장소를 나타냅니다. 〈가위손〉에서는 과학자와 즐겁게 지내던 장소, 〈스위니 토드〉에서는 가족과 행복하게 지내던 장소입니다. 하지만 양쪽 모두 지금은 외롭고 절망적인 장소일 뿐입니다.

일반적 방은 천장이 평면으로 되어 있습니다. 앞서 말한 다락방은 건물의 지붕이 경사면이기 때문에 공간의 활용을 위해 경사로 만들어졌지만, 그렇지 않은 대부분의 방은 평면입니다. 게다가 설사 다락방이라고 해도 두 영화에 나오는 것처럼 규모가 크지는 않은 것이 대부분입니다. 그러므로 영화에 나오는 경사진 무대는 감독의 의도적 연출이라고 보는 것이 타당합니다.

경사진 면은 벽도 아니고 천장도 아닌 새로운 면을 나타냅니다. 그러므로 영화 속 방은 일반 벽면을 지닌 방이 아니며, 또한 일반 천장을 지닌 방도 아닙니다. 건축가 조재현은《공간에게 말을 걸다》에서 벽도 아니고 천장도 아닌 경사진 면이 30~60도의 각을 이루고 있을 때 사람들은 벽이나 천장이 아닌 전혀 다른 면으로 인식한다고 말하면서, "이런 각도를 이룬 면은, 밑에 있는 인간에게 절대적 존재에 대한 본성을 자극해 초월적 존재를 상징할 수 있을 뿐 아니라 동경심과 경외심을 유발한다"라고 했습니다.

다시 말해 새로운 면으로 인식되는 경사진 천장(벽)은 인간을 뛰어넘거나, 아니면 최소한 인간이 아닌 그 무엇인가의 존재를 상징한다고 할 수 있습니다. 또 이 공간을 점유하고 있는 사람은 인간으로서의 정체성이 아닌 정체성을 표현합니다. 하지만 영화에서는 미묘하게 두 의미, '결여'와 '초월'을 모두 의미합니다. 경사진 천장(벽)은 상자 모양의 전형적 방 구조에서 뭔가 결여된 구조입니다. 벽이 하나 없거나 천장이 없는 셈이니까요. 또한 상자 모양의 정해진 구조를 초월한 구조이기도 합니다.

〈가위손〉에서는 분명히 결여를 의미합니다. 인조인간 에드워드는 인간의 손만 지닌다면 평범한 인간으로 생활이 가능합니다. 하지만 '인간의 손'이 결여되어 있기 때문에 인간도 아니고, 인조인간도 아닌 어중간한 정체성을 가지게 됩니다. 이것이 영화 내내 그를 괴롭히는 정체성의 문제입니다.

〈스위니 토드〉는 약간 다릅니다. 그는 복수를 위해 인간에게 죽음을 부여하는 역할을 기꺼이 수행합니다. 그들에게 죽음을 부여하는 것에 두려움이나 주저함을 보이지 않습니다. 이는 자신이 인간을 '초월'해 마치 신이나 악마와 같은 존재라고 인식하지 않는 인간의 정신 상태로는 힘든 일입니다. 하지만 그도 역시 기본 정체성은 인간이며, 딸 조안나에게는 아버지입니다.

영화 마지막에 그가 살인하는 장면을 목격한 딸로부터 스스로 떠나는 것도 결국은 아버지라는 정체성을 지니고 있기 때문입니다. 그러므로 실제는 완전히 인간을 버리고 살인을 일삼는 악마로 정체성이 변한 것처럼 보이지만, 내면에는 인간이라는 정체성을 버리지 못했음을 알 수 있습니다. 아무리 바커라는 이름을 스위니 토드로 바꾸어도 바뀌지 않는 정체성이 있는 법입니다.

에드워드와 스위니 토드, 두 사람이 가장 고통받고 힘들어 하는 것은 자기 정체성, 즉 '나는 누구인가'라는 점입니다. 다만 조금 위안받을 수 있는 것은, 기울어진 천장(벽)으로 햇살이 들어오고 밖을 볼 수 있는 구조라는 점입니다.

에드워드는 후에 자기 역할을 발견하고 중간적 정체성을 자기 정체성으로 받아들입니다. 이에 반해 스위니 토드가 밝은 내일을 기약할 수 있을지는 영화 내용만으로는 알 수 없습니다. 왜냐하면 방의 창으로는 언제나 흐린 하늘만 보이기 때문입니다.

마음의 단편을 맞춰 나가는 과정, 〈빈집〉

집과 정체성을 생각하게 하는 또 하나의 영화는 김기덕 감독의 2004년 작품인 〈빈집〉입니다.

김기덕 감독은 영화보다는 연극에 가까우리만큼, 이야기에 등장하는 공간을 절제해서 사용하는 감독입니다. 〈섬〉에서는 낚시터에 떠 있는 독방이, 〈봄여름가을겨울 그리고 봄〉에서는 산속의 절이, 〈나쁜 남자〉에서는 창녀가 된 선화의 방과 이를 바라보는 거울의 밀실이 거의 모든 이야기를 이끌어 가는 공간입니다. 그리고 이런 공간 모두 세상과는 단절되어 있는 공간이라는 점도 특징입니다.

〈빈집〉은 빈집을 찾아 잠시간의 거처로 사용하는 태석(재희 분)이 한 집에서 멍투성이의 여자 선화(이승연 분)를 만나면서 시작됩니다. 태석은 남편의 집착과 소유욕 때문에 피폐해지고 망가진 채로 살아가던 선화를 보고 남편을 구타한 뒤 같이 도망칩니다. 두 사람은 태석이 이전에 살아가던 방식대로, 사진작가의 빈집, 권투 선수의 빈집, 한옥 빈집을 찾아 잠시 지내는 동안 서로에게 끌리게 되지만, 마지막 찾아든 서민 아파트의 빈집에서 싸늘히 버려진 노인 시체를 발견하고 정성껏 장례를 치러 주다가 노인의 아들에게 발각되어 경찰에 잡히고 맙니다.

따라서 영화는 선화의 집 그리고 두 사람이 차례로 머무는 빈집이 주무대입니다. 이를 보면 차례대로 사진작가의 집, 신혼인 권투 선수의 집, 그리고 행복한 부부의 한옥, 노인이 죽어 있던 서민 아파트 그리고 태석이 수감되는 교도소입니다.*

우선 태석과 선화가 도망쳐서 가장 먼저 찾아든 집은 선화의 누드 사진이 벽에 걸려 있는 사진작가의 집입니다. 아마도 선화는 전에 사진 모델을 했거나 아니면 자신의 외모를 중심으로 살아가던 직업을 갖고 있었다고 유추할 수 있습니다. 이 집에서 태석은 고장 나 멈춰 있는 시계를 고친 다음, 벽에 있는 선화의 누드 사진을 조각내어 마치 모자이크처럼 배열을 바꿔 다시 벽에 걸어 둡니다.

---

* 차례대로 등장하는 빈집이 우리 사회의 문제를 상징한다고 보는 해석이 있다. 이에 따르면 누드 사진이 많은 사진작가의 집은 남녀 문제, 임대 아파트인 서민 아파트는 고독하게 사는 노인 문제 그리고 남편의 폭력에 시달리는 선화의 집과 권투 선수의 집은 부부간의 불신 문제 등이라고 보는 관점이다. 그러나 이렇게 해석하면 단란하고 소박하고 조용한 한옥은 설명할 방법이 없으며 선화의 집이 다른 집들과 같은 차원에 속한다는 문제가 있다. 그러므로 이는 타당한 관점이 아니라 할 수 있다.

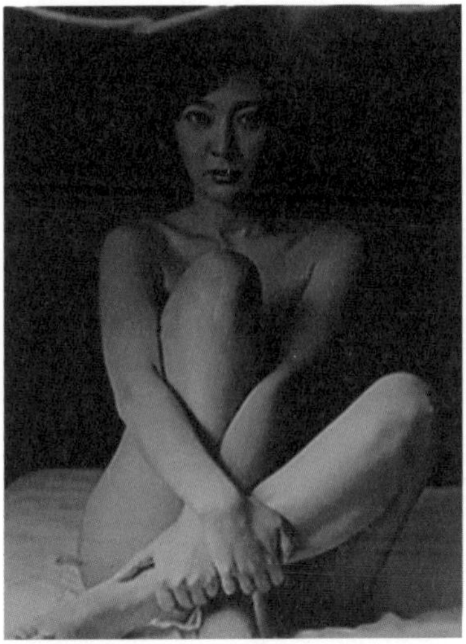

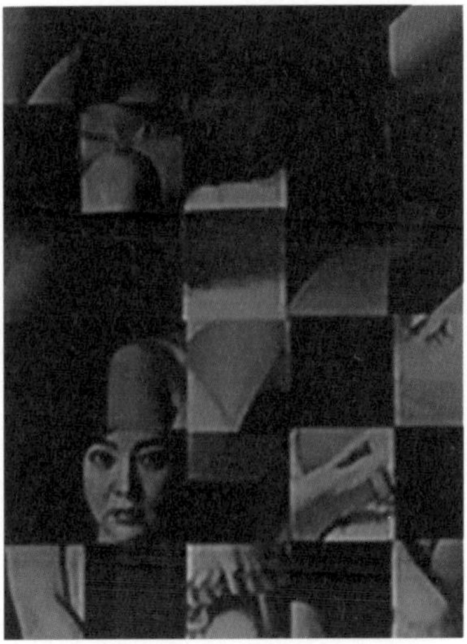

〈빈집〉에서 사진작가 집에 걸린 사진

태석과 선화가 들어갔을 때 걸려 있던 상태(왼쪽)와
태석이 나오면서 모자이크로 형태로 바꾼 상태(오른쪽).

사진작가 집에서의 시계와 사진은 많은 상징을 담고 있습니다. 선화의 누드 사진은 선화가 속된 말로 '잘 나갈 때'의 모습입니다. 그런데 선화의 시간은 그 시대에서 멈춰 있습니다. 그래서 시계도 멈춰 있습니다. 다시 말해 사진작가의 집은 물리적 공간으로 존재하는 집이 아니라 선화의 마음에 존재하는 집입니다. 그리고 선화의 마음은 잘나가던 시절에 머물러 있습니다.

따라서 남편과 지내는 선화는 마음이 없는 껍데기일 뿐입니다. 그 껍데기를 데리고 마음을 찾아 같이 동행하는 것이 태석입니다. 이렇게 보면 그 다음부터 머물게 되는 집들은 선화의 마음 조각, 즉 욕망을 뜻한다는 것을 예상할 수 있습니다. 모자이크로 바꾸어 놓는 것은 이제부터 마음의 모자이크를 하나하나 맞추는 여행을 떠난다는 시작의 의미입니다. 실제로 나중에 태석이 교도소에서 나와 사진작가의 집에 들렀을 때 다시 원래의 사진으로 돌아와 있습니다.

두 번째, 권투 선수의 집은 분노와 공격성의 욕망입니다. 선화는 남편으로부터 폭력을 당하고 학대를 받고 있습니다. 일반적 정신 상태라면 이런 남편에 분노를 느끼고 공격 행위를 보일 테지만, 선화는 그저 남편의 폭력을 받아들이기만 합니다. 따라서 선화의 내면에는 남편이 표출하는 분노와 공격과 유사한 욕망이 억압되어 있다고 볼 수 있습니다.

세 번째 집은 소박하지만 단란한 부부의 한옥입니다. 조용하고 깨끗합니다. 이 집은 현재 선화가 바라는 생활의 모습입니다. 이런 부부의 모습으로, 이렇게 조용하게 살고 싶은 마음입니다. 그러므로 어쩌면 자신의 화려

하던 시절은 정말로 선화가 추구하는 생활이 아니라는 것을 말해 줍니다.

마지막 집은 죽음을 상징합니다. 선화의 욕구 중 하나인 죽음의 본능, 즉 타나토스Thanatos를 나타냅니다. 누구나 선화처럼 아무 희망도 없이 남편에게 폭력과 억압을 당하며 살면 죽음을 생각하게 됩니다. 그러므로 마지막 집에서 보는 노인의 죽음은 사실은 선화의 죽음을 상징하는 대리물입니다.*

이렇게 선화와 태석이 순례자처럼 떠돌던 집을 바라보면, 두 사람은 결국 선화의 마음속을 여행한 셈입니다. 예전의 시간에 머물러 있는 마음, 분노와 공격을 억압하고 있는 마음, 하지만 평범한 행복을 추구하는 마음 그리고 죽음으로 다가가는 마음.

선화는 빈집 순례를 마치고 자기 마음의 조각들을 모두 확인한 후 다시 제자리로 돌아옵니다. 마치 찰스 디킨스의 소설 〈크리스마스 캐럴〉에서 스크루지 영감이 혼령을 따라 자신의 지난날 행동을 돌아보고 현실로 돌아와 자신이 무엇을 해야 할지 깨닫는 과정과 유사합니다.

그럼 같이 빈집을 순례한 태석은 선화에게 무엇일까요? 만일 빈집이 선화의 마음의 단편이라면, 태석은 선화가 만들어 낸 상상물입니다. 따라서 또 다른 선화라고 할 수 있습니다. 태석이 교도소에서 열심히 자신을 수련

* 타나토스는 그리스신화에 나오는, 죽음을 의인화한 신으로 프로이트가 자기를 파괴해 생명이 없는 무기물로 환원시키려는 죽음의 본능을 칭하는 용어로 사용했다. 에로스는 이와 반대로 그리스신화에서 사랑의 신으로 등장하며, 프로이트는 성 본능이나 자기 보존 본능을 포함한 생의 본능을 칭하는 용어로 사용했다.

하고 단련하는 모습은, 선화가 할 수 없이 다시 남편의 집에 돌아오긴 하지만 이 생활을 보다 나은 생활로 변화시키기 위해 노력하는 모습입니다.

교도소를 나온 태석이 선화와 같이 찾아간 순서와 반대로, 한옥 → 권투 선수 집 → 사진작가 집을 찾아가는 것은 선화가 다시 자신의 '지금, 현재'인 곳으로 돌아오는 과정을 말해 줍니다. 이 반대로 도는 순례의 여정에 노인의 집이 빠져 있는 것은 이제 더 이상 그녀의 마음속에 죽음의 유혹이 없음을 의미합니다.

영화 내내 단 한마디의 대사도 없는 태석과 선화. 영화 평단에서는 새로운 시도로 주목했지만, 자신의 마음과는 소리를 내서 대화하지 않는 우리 모습이 그대로 담겨 있는 건 아닐까요?

영화 속 빈집들은 주인공의 정체성을 투영한 공간이라기보다는, 마음의 단편을 투영한 공간이라는 점에서 상당히 의미 있는 작품이라 할 수 있습니다. 그리고 모자이크된 사진처럼 분열되어 있는 자기 정체성을, 마음의 여행을 통해 다시 하나하나 맞추어 가는 작업이 일관되고 안정된 정체성을 찾아가는 과정이라는 점을 보여 준 작품입니다.

집의 뿌리내림,
자유의 기반

집은 그곳에 사는 사람의 마음을 비추어 말해 줍니다. 〈하울의 움직이는 성〉처럼 온몸으로 표현하기도 하고, 〈가위손〉의 집처럼 일부를 잘라 말하기도 하고, 〈빈집〉처럼 마음의 조각을 각기 다른 집으로 상징적으로 나타내기도 합니다.

하지만 그 집들이 욕망하는 것은 결국은 온전한 자기 자신의 모습, 즉 그곳에서 생활하는 사람들의 온전한 정체성이 투영된 제대로 된 집입니다. 제대로 된 멋지고 아름다운 성, 벽은 벽이고 천장은 천장으로 인식되는 집, 조각난 마음이 하나로 통합된 제대로 된 집에 대한 욕망입니다. 집들의 욕망은 결국 그곳에서 사는 사람이 온전한 정체성을 갖게 되었을 때 구현됩니다.

사람은 자기 정체성을 확립하기 위해 노력합니다. 그 도구로 집을 삼기도 하고, 그 결과로 집을 완성하기도 합니다. 집에서 살다 보면 그 집에 어울리는 사람이 되어 가고, 스스로 이상적으로 그리고 있는 자기 모습과 어울리는 집을 골라 들어가고, 나는 이런 사람이란 걸 보여 주기 위해 집을 선택합니다. 그래서 집은 정체성을 확립해 가는 과정에서 인간에게 가장 필수적인 수단임과 동시에 목적입니다.

하지만 정체성은 한번 결정되었다고 변하지 않는 것이 아닙니다. 이름을 바꾸고, 이사를 하고, 회사를 바꾸고, 주식 투자로 떼돈을 벌고, 이혼을 하고, 국적을 바꾸고, 심지어 성별을 바꾸는 등 자신을 규정하는 많은 정체성 요소를 변화시킬 수 있는 시대입니다. 심지어 인터넷 공간이 만들어 내는 가상현실에서는 수많은 다른 정체성을 만들어 낼 수도 있죠.

그래서 우리는 끊임없이 자신의 정체성을 변화시켜 나가야 합니다. 오늘에 만족하는 정체성은 시장경쟁주의 사회에서는 도태와 패배를 의미하기 때문이죠. 오늘은 대학 졸업자라면 내일은 대학원 졸업자로, 오늘은 중소기업 사원이라면 내일은 대기업 사원으로, 오늘은 소형 아파트라면 내일은 대형 아파트를 지닌 사람이라는 정체성으로 바꾸어 나가려 애씁니다. 오늘 남 앞에 나서기 힘든 내성적 성격이라면 자기 계발을 통해 적극적이고 긍정적인 성격으로 바꾸어야만 합니다.

현대를 사는 우리는 오늘도 사회적으로 나은 것이라고 인정되는 새로운 정체성을 찾아 떠납니다. 이런 일이 가능한 것은 자신이 선택한 자기 책임 아래 자유가 있기 때문입니다. 자유를 무기로 시행착오를 거듭하면서 자신이 목적하는 정체성에 다다르기 위해 노력합니다. 그리고 목적한 정체성에 다다르면 다시 자유롭게 다음 목적지를 향해 떠납니다. 그 위에 보이는 새로운 정체성을 찾아서 말입니다. 결국 우리는 일단 정체성을 획득하면 다시 자유를 추구하고, 그 자유의 목적지는 정체성이 되는 순환 과정에서 세상을 살아갑니다.

이전에는 사춘기의 방황을 통해 확립되었을 정체성도, 시대와 사회가 바뀌면서 의미가 달라졌습니다. '나는 누구인가', '나는 무엇을 추구하는가'라는 끊임없는 물음을 통해 '나는 달라졌다'를 확인할 수 있습니다. 그러니 현대인은 사춘기가 지나서도 끊임없이 자신은 누구인지 되묻고 있습니다. 온전히 정체성의 만족감을 느끼기 못하기 때문이죠.

〈아낌없이 주는 나무〉로 유명한 동화작가 셸 실버스타인Shel Silverstein의 작품 중 〈어디로 갔을까 나의 한쪽은〉이 있습니다. 국내에서는 1980년대 그룹 '송골매'가 이 이야기를 〈이가 빠진 동그라미〉라는 노래로 만들어 널리 알려졌습니다. 이 동화에서는 마치 피자 한 조각이 빠진 것 같은 모습을 한 동그라미가, 자신의 잃어버린 한쪽을 발견하기 위해 이리저리 굴러다니면서 많은 경험을 하고 결국 자신의 한쪽을 찾아 완전한 동그라미를 이룬다는 내용입니다.

우리는 어쩌면 영원히 한 조각을 잃어버린 동그라미인지도 모릅니다. 그저 한쪽을 찾아야 한다는 생각에 사로잡혀 열심히 굴러가고는 있지만, 정작 그 한 조각이 온전한 자신을 만드는 한 조각인지에 대한 확신은 하지 못한 채로.

그러다 보니 세상엔 부분적으로 결여된 자신에 만족하지 못하고 온전한 자신이라는 꿈을 찾아 여행하는 사람들이 차고 넘칩니다. 커피숍에도, 영화관에도, 공항에도, 서점에도, TV 앞에도, 그들은 조금은 우울하고 불안하고 혼란스러운 모습으로 일상이 아닌 곳으로 떠나는 얼굴을 하고 있습니다.

사람들은 이 자유로운 떠남의 목적이 뿌리내림이라는 걸 알고 있습니다. 뿌리를 내린 나무만이 열매를 맺어 자신을 퍼뜨릴 수 있다는 것도 알고 있습니다. 뿌리내린 민들레만이 홀씨를 뿌려 자신을 자유롭게 퍼뜨릴 수 있다는 것을 압니다. 뿌리내린 사람이 한 발 더 자유롭게 자신의 능력을 펼쳐 보인다는 것도 압니다.

하지만 주저합니다. 뿌리내림이 구속으로 이어져 자유를 빼앗길 것이 두렵기 때문입니다. 안정적인 자기 모습이 안주하는 모습으로 비치는 것이 두렵습니다. 땅에 두 발을 딛고 하늘을 바라보는 것이 현실을 바라본 미래라고 생각하지만, 행여 그 땅에 두 발이 박혀 움직이지 못할까 염려합니다. 그래서 자꾸 뿌리내림을 포기하고 제자리걸음이라도 좋으니 자유로운 움직임에 집착합니다.

그래서 집이 뿌리내림의 도구와 목적이 된다는 명제는 변함이 없지만, 자꾸 일회용 도구나 허상의 목적이 되어 갑니다. 정체성과 상관없이, 우리의 집은 어느새 재테크의 수단과 목적이 되어 버리고, 학군을 따라 아이들의 진학 보조 수단이 되어 버리고, 자기과시용 광고물이 되어 버렸습니다.

뿌리내림의 욕망을 잊은 집은, 뿌리를 기반으로 하는 자유라는 욕망도 잊어버립니다. 그곳에는 '자유로운 떠남'에서 자유는 사라지고 방랑만 남습니다. 방랑은 순례와 다르게 목적을 잊어버리고 좌충우돌하는 움직임일 뿐입니다. 결과적으로 남는 것은 하울의 성이 지닌 부유하는 정체성입니다.

이미 자신의 집이 아닌 산부인과 병원에서 생을 맞이하는 우리는, 죽음도 자신의 집이 아닌 병원에서 맞이합니다. 집이 점점 뿌리의 역할을 하지 못하고, 우리도 이 집 저 집을 떠돌아다니며 뿌리의 역할을 기대하지 않습니다. 하지만 여전히 집은 욕망합니다. 당신이 나에게 뿌리내림을 해 주었으면 좋겠다고요. 그러면 넓은 그늘을 만들어 당신을 자유롭게 쉴 수 있게 해 줄 수 있을 텐데라고.

칼럼 5 : 마음 공간 테스트

심리학에서 상담이나 심리 치료에 사용하는 방법 중 바움테스트Baum test, HTP테스트 그리고 모래 상자 요법이 있습니다. 이 셋은 인간이 공간에 자신의 내면 심리를 어떻게 투영하는지를 보여 줍니다.

바움Baum은 독일어로 '나무'를 뜻하기 때문에 바움테스트는 트리tree테스트라고도 합니다. 이 심리검사는 심리 진단에 사용하는 일종의 투영법 검사로, 도화지에 열매가 열리는 나무 그림을 그리게 하고, 그리는 능력, 나무

왼쪽은 왕따를 당한 학생의 그림 바움테스트 그림 사례.

모래를 이용한 기법의 준비물과 실제 작품 사례

줄기나 가지 형태, 명암 따위의 특성을 분석함으로써 심리 상태를 파악하고 문제점을 진단하는 검사입니다. 물론 나무를 표현할 때 공간의 분할, 좌우 대칭 등도 진단의 기준이 됩니다.

HTP테스트house-tree-person test는 집 · 나무 · 사람을 그리게 한 다음, 그 그림에 대해 설명을 듣거나 질문에 대답을 하도록 하는 검사입니다. 보통 그림을 통한 검사가 비언어적 의사소통을 위주로 하는 데 비해, 이 검사는 언어 표현과 자유연상을 포함하는 투영법이라는 점이 특징입니다.

'모래 상자 요법', '모래 상자 기법', '모래 상자 치료', '상자 정원 기법', '모래 놀이 치료' 등 다양한 명칭으로 불리는 심리 진단과 치료의 방법은 공통적으로는 정신적 · 심리적 문제를 안고 있는 사람에게 일정한 크기의 모래 상자에 미리 준비한 나무 · 꽃 · 탈것 · 건축물 · 동물 · 인간 등의 장난감이나 인형, 모형 중에서 마음에 드는 것을 골라 모래 상자 위에 자유롭게 두게 한 뒤 작품을 만들게 하는 것으로 시작합니다. 상담자 또는 치료자는 작품의 통합성 · 공간 배치 · 상징성 등을 고려해 환자의 심적 흐름을 해석하고, 문제를 지닌 사람은 반복되는 작품 창작과 해석 과정을 통해 자신의 문제를 직시하게 되면서 개선된 방향으로 나아가게 됩니다.

위에서 예를 든 그림이나 공간 배치를 통한 심리 상태 진단과 치료는, 기본적으로 공간구성과 인간의 심리적 움직임이 연관성을 갖고 있다는 생각에서 출발합니다. 방법적으로는 어떤 식으로 공간을 나누어 표현하고 있는가, 공간은 질서가 있는가, 어느 부분에 어떤 상징이 쓰였는가, 그 상징을 통해 숨겨진 마음을 얼마나 표현하고 있는가 등을 공간적 표현물을 통해 파악합니다. 인간은 공간으로 자신의 마음을 표현하고 공간의 재구성을 통해 자신의 마음을 스스로 인지할 수 있다는 것을 전제로 합니다.

CHAPTER

6

도시의 욕망

순환 반복하는 영원한 꿈

나는 스스로를 재촉하면서, 질서 정연함을 갖춘 작은 미궁을 떠올렸다.
그 중심에는 작은 항아리가 하나 있었다.
항아리는 손에 넣을 수 있을 만큼 가까웠고,
두 눈은 생생하게 이를 보고 있음에도 불구하고,
여기에 오기까지 많은 우여곡절로 인해 혼미함이 찾아왔다.
그곳에 도착하기 전에 난 죽은 몸이 될 것임이 분명하다고,
그렇게 생각할 수밖에 없었다.
- 호르헤 루이스 보르헤스 "Atlas"

집을 떠나 이국의 마을에 다다르면 한동안 지리적 감각을 되찾기 위해 잠시 숨을 골라야 합니다. 익숙치 않은 공간이기도 하지만, 여러 집이 모여 있는 공간 자체가 마치 미로처럼 느껴지기 때문입니다. 길을 잃고 헤맬 수밖에 없는 미로.

하지만 그리 멀리 가지 않더라도 미로는 우리 가까이에 있습니다. 아파트 단지에 가면 똑같은 모양의 건물이 만들어 내는 틈 사이로 길이 나 있습니다. 그 길도 모두 같은 가로수에 같은 포장재를 사용한 길입니다. 그래서 건물 외벽에 적혀 있거나 작게 붙어 있는 표식에 의존하거나 특별한 지형지물을 확인해야 합니다. 조금이라도 주의를 게을리하면 방황하는 자신을 발견하게 됩니다.

도심에 나와도 사정은 다르지 않습니다. 비슷비슷한 건물이 연이어 서 있고 그 사이에 포장도로가 나 있습니다. 구획 정비가 잘된 덕에 네모반듯합니다. 그래서 길을 잃어도 계속 한쪽 방향으로만 돌다 보면 운 좋게 다시 제자리로 올 수도 있지만, 스마트폰이 없다면 길을 잃고 헤매기도 합니다. 인터넷에서 위성 지도로 우리가 사는 도시를 보면 미로처럼 보이기도 합니다.

우리가 사는 아파트 단지나 도시가 이렇게 미로처럼 느껴지는 것은 집과는 다르게 내부가 모두 같은 요소로 채워져 있기 때문입니다. 같은 건물, 같은 도로, 같은 가로수, 같은 가로등처럼. 게다가 집에는 출입구인 문이 있지만, 도시에는 출구와 입구가 명확히 눈에 들어오지 않습니다.

그러고 보면 도시는 온통 건물이라는 벽과 도로라는 통로로만 이루어진 거대한 집과 같습니다. 그리고 도시로 들어오고 나가는 길은 사방팔방으로 이어져 있습니다. 우리는 숨 막힐 듯한 일상의 폐쇄성을 지닌 도시가, 사실은 지나치게 개방적이라는 사실을 순간순간 잊고 삽니다.

단절과 개방의 균형, 문과 벽

도시가 만들어지기 이전, 인간은 한없이 넓게 펼쳐진 자연이라는 공간에서 집을 확보하기 위해 노력했고 하나둘 집을 짓고 살기 시작하면서 마을이 만들어졌습니다. 인간은 그 마을을 근거지로 사냥과 농경으로 생명을 이어 갔고, 집으로 돌아오는 생활을 반복했습니다. 지금 우리가 살고 있는 도시도 결국은 하나의 작은 집에서 출발한 셈입니다.

집의 시작은 벽을 만들어 외부와 내부를 구분하는 것입니다. 원시시대에 집의 역할을 하던 동굴도 공간을 구분하는 벽의 역할을 했습니다. 구분을 위한 기초 단위인 벽이 확보되면 내외부 공간을 연결하는 창 · 문 등이 결정됩니다.

벽은 탁 트여 있는 한없는 개방성과 연결성을 끊어서 가족과 거주자 들이 집이라는 개인적이고 사적인 공간을 확보하는 과정에서 기본 요소가 됩니다. 벽이 존재하기 전에 공간은 그저 모든 사람이 같이 사용하는 공적 공간일 뿐입니다.

우리는 여러 이유로 벽을 쳐서 넓은 공적 공간에서 작은 사적 공간을 분리해 떼어 낸 다음 집으로 활용합니다. 하지만 넓고 개방된 공간에서 작고 (물론 문과 창은 있지만 공적 공간에 비해서는) 닫힌 공간을 분리한 결과 안심과 안정감과 함께 인간에게는 새로운 불안이 만들어졌습니다. 폐소공포증이나 밀실공포증이라고 불리는 것입니다.

그래서 집은 적절한 개방성과 연결성을 확보해야 하는 한편, 적절한 단절성과 폐쇄성도 지녀야 합니다. 이 상반된 특성을 균형 있게 갖춰야만 편한 집이 됩니다. 집이 너무 개방적이면 사적 공간의 느낌이 사라지고 폐쇄적이면 고립감을 느끼게 됩니다. 이 나눔과 연결의 적절성이야말로 집이 지닌 최고의 미덕이라 할 수 있습니다.

우린 때로 이 적절성을 깨어 버리고 개방되거나 폐쇄되는 극단적 상황을 욕망하기도 합니다. 문과 벽의 변형을 통해서 말이죠. 그래서 문이 존재하지 않고 끝없이 벽만 이어진 공간을 만들어 냅니다. 미로처럼 말이죠.

미래를 보장하는 문, 출구

지금 영화가 시작되려고 합니다. 여러분은 극장 문을 열고 들어가서 자리에 앉아 영화를 봅니다. 영화가 끝나면 극장 문을 나서, 연인과 함께 레스토랑으로 들어갑니다. 식사가 끝나면 다시 레스토랑 문을 열고 나옵니다. 엘리베이터에서 내려 문을 열고 집에 들어갑니다. 그리고 내일 아침 이 문을 열고 밖으로 나올 것을 압니다.

우리는 집뿐만 아니라 일상의 어느 공간이든 들어가면 다시 나옵니다. 심지어 한 지역에 평생 살던 사람도 죽으면 이승의 공간에서 나와 저승의 공간으로 갑니다. 그러니 공간을 드나드는 삶이 끝나는 것은 결국 죽음을 맞이할 때뿐입니다.

공간의 출구는 그 공간에 들어온 목적의 달성을 의미하기도 하고, 다른 공간으로 이동하는 목적을 의미하기도 합니다. '영화를 본다'는 목적이 달성되면 출구로 나가고, 출구로 나간다는 것은 '배고프니 레스토랑으로 이동한다'는 새로운 목적을 말하기도 합니다. 따라서 목적 달성을 위해 어느 공간으로 들어가는 것도 중요하지만, 우리에게 그 다음 시간, 즉 미래가 존재하는 한 우리는 다시 새로운 목적을 위해 출구로 나가야 합니다. 때로는 출구와 입구가 같을 때도 있고, 다를 때도 있지만 말입니다.

엄연히 출구가 있는데도 어느 공간 안에서 출구를 찾지 못하면 어떻게 될까요? 목적을 달성하려고 들어온 공간은 순식간에 그야말로 공포의 도가니로 바뀔 것입니다. 왜냐하면 앞서 말한 대로 공간에서 나가지 못한다는 것은 지금 이후의 시간인 미래가 없음을 의미하기 때문입니다. 물리적 시간은 존재해도 새로운 목적과 욕구, 욕망은 발생하지도 않고 더욱이 이를 채울 수 없다면 우리에게 미래가 없는 것이나 다름없습니다. 출구를 찾지 못하는 것은 마치 입구만 있고 출구가 없는 공간에 들어간 셈입니다.

'출구'라는 단어는 때로는 다음 단계의 목적을 위해서가 아니라, 단순히 지금 상황이 너무 안 좋기 때문에 이를 벗어나고 싶을 때 사용되기도 하므로, 좋지 않은 상황으로부터의 도피와 해소를 뜻하기도 합니다. '출구' 앞에 '탈脫'을 붙이면 의미가 명확해집니다. 탈출구는 공간적 의미에서는 일반 출구와 다름없지만, 단지 그 출구를 사용하는 사람의 심리적 · 정신적 상황을 대변해 주는 단어입니다.

출구가 있는데도 찾기 어려워 공간을 헤매는 상황. 우리는 이런 상황을 떠올리라고 하면 '미로'라는 단어를 떠올립니다. 들어가면 엉켜 있는 길 때문에 방향을 잃고, 똑같은 환경이 계속되면서 정신도 혼미해지고, 시간이 지날수록 불안과 초조는 더해지지만 그렇다고 보이지 않는 출구. 눈앞에 보이는 것은 바로 앞의 길과 벽뿐이어서 이 전체 공간에서 자신이 어디에 있는지조차 알 수 없는 무력감까지 느낍니다. 거기에 이 미로가 어두컴컴하다면 공포까지 더해져서 그야말로 최악의 상황이 됩니다.

미궁,
음험한 이미지의
시작

어떤 사건이 장기간에 걸쳐도 해결되지 않으면 우리는 '그 사건은 미궁迷宮에 빠졌다'라고 표현합니다. 1984년 발표된 대중가요 〈사랑의 미로迷路〉에서는 미로를 '끝도 시작도 없는' 것이라 표현합니다.

그런데 비록 지금은 혼동되어 두 단어를 같은 의미로 사용하지만, 사실 미궁과 미로는 따지고 보면 전혀 다른 개념입니다. 역사적으로 보면 미궁의 개념이 미로보다 더 먼저 만들어져 사용되었습니다.

미궁의 개념이나 표상으로서의 이미지는 이미 선사시대부터 있었습니다. 펠로폰네소스 반도의 퓨로스에서 출토된 기원전 1200년의 것으로 추정

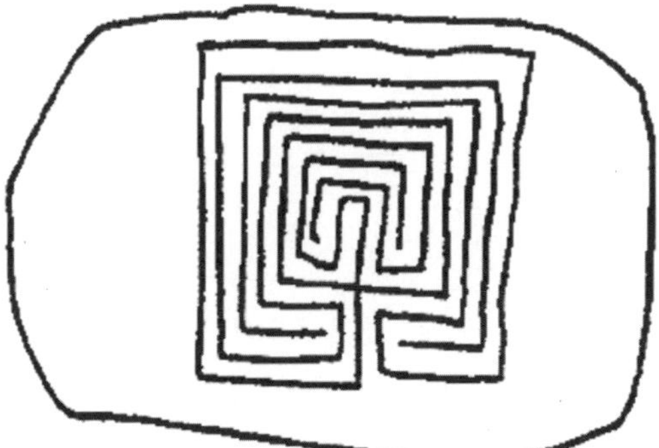

퓨로스에서 출토된 미궁 이미지

되는 점토판에 그려진 이미지는 그중에서 가장 전형적 이미지라고 할 수 있습니다. 이런 미궁 이미지는 세계 어느 지역에서도 찾아볼 수 있습니다.

하지만 우리가 알고 있는 미궁의 개념이나 이미지는 그리스신화의 미노타우로스 이야기에서 시작되었습니다. 미궁이 혼돈 · 불안 · 공포 등의 이미지를 가지게 된 것도 전적으로 이 이야기의 공헌이라 할 수 있습니다. 미노타우로스 이야기를 간략하게 소개하면 다음과 같습니다.

> 옛날 그리스 크레타의 크노소스에는 미노스라는 왕이 있었다. 그는 왕이 되기 전에 바다의 신 포세이돈에게 자기가 신들의 가호를 받고 있는 증거로 바다에서 황소 한 마리를 보내 주면 그걸 잡아 신들께 바치겠다고 약속을 했다. 포세이돈은 그의 소원대로 황소를 한 마리 보내 주었고, 바다에서 황소가 나오는 것을 본 사람들은 모두 놀라서 미노스를 왕으로 추대했다. 그러나 미노스는 막상 왕이 되고 나자 그 황소를 잡아 제물로 바치는 것이 아까워 자기 외양간에 가두고, 그 대신 다른 소를 제물로 바쳤다. 이에 포세이돈은 벌을 내려 미노스의 아내인 파시파에가 황소에게 성적 욕망을 품도록 한다. 욕망에 눈이 먼 파시파에는 천재 장인인 다이달로스에게 부탁해, 다이달로스가 만들어 준 암소 형태를 한 나무틀에 들어가 황소와 관계를 갖는다. 이렇게 해서 태어난 존재가 반은 소, 반은 사람인 괴물 미노타우로스였다. 미노타우로스는 '미노스의 소'라는 뜻으로, 미노스는 감히 이 괴물을 죽이지 못하고 다이달로스에게 미궁을 만들게 해 가둔다. 미노스는 아

테네에서 8년마다 일곱 소녀, 일곱 소년을 데려다가 먹잇감으로 미노타우로스에게 주었다. 아테네의 왕 아이게우스의 아들 테세우스는 공물로 바쳐지는 소년과 소녀 틈에 섞여 미노타우로스 퇴치에 나선다. 테세우스가 크레타에 도착하자 미노스의 딸 아리아드네는 그에게 첫눈에 반해, 결혼을 조건으로 테세우스에게 실을 풀면서 미궁에 들어가면 다시 돌아올 수 있다고 알려 준다. 사실 이 방법은 다이달로스를 졸라 아리아드네가 알아낸 것이었다. 테세우스는 미궁에 들어가 괴물을 처치하고 아리아드네와 아테네로 향한다. 미노스는 벌로 다이달로스와 아들 이카로스를 함께 미궁에 가두지만, 두 사람은 양초와 바닷새의 깃털로 날개를 만들어 하늘을 날아 탈출한다. 다이달로스는 높이 올라가지 말라고 주의를 했지만, 이카로스는 자만에 빠져 태양에 가까이 가는 바람에 초가 녹아 추락해 죽고 만다. 테세우스도 아테네로 돌아오는 도중 아리아드네를 잃고, 테세우스의 어머니도 테세우스가 떠날 때 괴물을 퇴치하고 돌아오면 흰 돛을 올리겠다고 한 약속을 깜박한 테세우스가 그냥 평소처럼 검은 돛을 올리는 바람에 먼발치에서 이를 보고 해안 절벽에서 떨어져 자살하고 만다.

미노타우로스와 관련된 이야기는 배신 · 성적 타락 · 식인食人 · 자만 · 실수 · 자살 등의 부정적 내용으로 점철되어 있습니다. 그러니 이 이야기의 공간인 미궁도 괴물이 사는 곳인 동시에, 모든 마이너스 이미지의 종합 선물세트와 같은 느낌입니다. 현재 미노타우로스의 미궁으로 추정되는 고대 건축물이 발굴된 적은 없습니다.* 하지만 많은 미궁 이미지와 장식이 남아 있습니다.

코스모스의 미궁,
카오스의 미로

앞서 그림에서 보셨겠지만 우리가 현재 접할 수 있는 미궁 유물의 이미지는 한 길이 중심을 향해서 빙글빙글 돌면서 나 있는 단일 구조가 대부분입니다. 이는 미궁과 미로의 중요한 차이점을 말하는 부분입니다.

안에 들어가면 길을 잃어버리고 방향감각이 마비되고 막힌 길에 부딪히고 하는 등의 이미지는 후세에 미궁으로부터 발전된 미로가 지닌 혼돈의 이미지일 뿐입니다. 미궁은 어디까지나 하나의 길만 존재하기 때문에 계속 한 길을 따라만 가면 반드시 중심에 도달합니다. 그리고 중심에서 다시 온 길을 따라 계속 가면 들어온 출구로 나가게 됩니다. 다시 말해 중심은 마라톤의 반환점과 같고, 입구와 출구가 같은 구조입니다. 혼돈도 없고 길을 잃는 일도 없습니다.

이에 반해 미로는 들어간다고 해서 중심에 다다르리란 보장이 없습니

* 크레타의 수도 크노소스는 발굴이 되었지만 미노타우로스의 미궁은 여전히 발견되지 않았다. 학자들은 크노소스 궁전 자체가 미궁을 뜻하거나, 미궁은 인근의 동굴을 말하거나, 미궁은 빙글빙글 도는 춤(윤무)의 상징적 표현일 것이다 등등의 가설로 설명하고 있다.

미궁과 미로 이미지 비교

출입구가 하나이면서 중심이 있는 미궁(크레타의 미궁 이미지)과
중심은 없고 출구와 입구가 별도인 미로.

다. 들어온 사람이 중심에 가 보지 못하도록 방해하는 구조로 되어 있습니다. 미로는 한 길을 따라가지 않고, 중간중간에 많은 갈래가 나오기 때문에 어떤 길을 선택하느냐가 대단히 중요합니다. 그리고 미로의 중심에 도착한다고 해서 나올 수 있다는 보장도 없습니다. 왜냐하면 중심에서 다시 출구로 이르는 과정에 지금까지와 똑같이 많은 장애와 선택을 해야 하기 때문입니다. 또한 어떤 미로는 아예 중심을 갖고 있지 않습니다.

이처럼 안에 들어온 사람을 혼란시켜 막힌 길로 이끌고 출구를 못 찾게 만듦으로써 죽음의 위험을 맛보게 하는 미로의 개념은 로마제국 시대에 처음으로 미궁의 개념이 약간 변형되면서 나타났습니다. 이 시기부터 '미궁=미로'라는 생각이 일반적으로 정착되었다고 할 수 있습니다. 예를 들어 1420년 베네치아의 의사 조반니 폰타나Giovanni Fontana가 그린 서화집에는 미로가 그려져 있는데도 이름은 미궁이라고 되어 있습니다. 이처럼 15세기 이후 서서히 미로 이미지는 미궁 이미지를 대치하면서 확대 보급되었고 일반적 미궁의 이미지가 되었다고 보는 것이 관련 연구자들의 견해입니다.*

미궁 연구가인 이즈미 마사토和泉雅人는 "미로가 현대인에게 디자인이

* '미노타우로스의 미궁'이 본문에서 말하는 미궁이라면 테세우스가 길을 잃거나 중심에 있는 미노타우로스를 퇴치하고 되돌아 나오지 못할 이유가 없다. 그러므로 아리아드네가 실을 건넬 필요는 없었을 것이다. 이에 대해 연구자들은 아리아드네의 실의 의미를, 무용수들이 윤무를 출 때 사용한 위치 표시 도구를 의미하거나, 춤출 때의 진행 방향과 위치의 그림을 의미하거나, 당시 크레타의 주요 수출품이던 양모를 상징적으로 표현한 것이라고 설명한다.

나 지적 유희의 도구로 사랑을 받는 것은 '중심의 상실' 도는 '정체성의 상실'이라는, 현대인이 처해 있는 상황에 기인하는 것일지도 모른다"라고 했습니다. 극히 질서 정연한 코스모스인 미궁과는 대비되는 카오스적 상황을 만들어 내는 미로. 유명한 철학자이자 문학가인 에코Umberto Eco는 세계적 베스트셀러가 된 〈장미의 이름〉에서 수도원 도서관이 수학적 논리와 질서를 갖고 만들어졌다면서 이렇게 말합니다.

> 이 도서관은 수학적 사고를 지닌 사람에 의해 계획, 설계되었지. 수학을 사용하지 않고는 미궁을 만드는 것이 불가능하니까.

죽음과 재생의 상징

죽음과 재생 관념은 인간이 가진 가장 근원적 이미지입니다. 어느 나라의 신화나 설화, 동화에서도 죽음과 재생을 직접적 또는 상징적으로 표현하는 예를 찾아볼 수 있습니다. 성경에서 그리스도의 부활, 백설 공주가 사과 조각을 뱉어 내고 다시 살아나는 것, 그리스신화에서 저승에서 다시 돌아오는 것 등이 모두 이런 내용에 속합니다. 그림이나 표상(이미지)에도 많이 활용되어, 순환하는 원은 대부분 죽음과 재생을 나타냅니다.

'꼬리를 삼키는 자'를 의미하는 우로보로스Uroboros/Ooroboros는 커다란

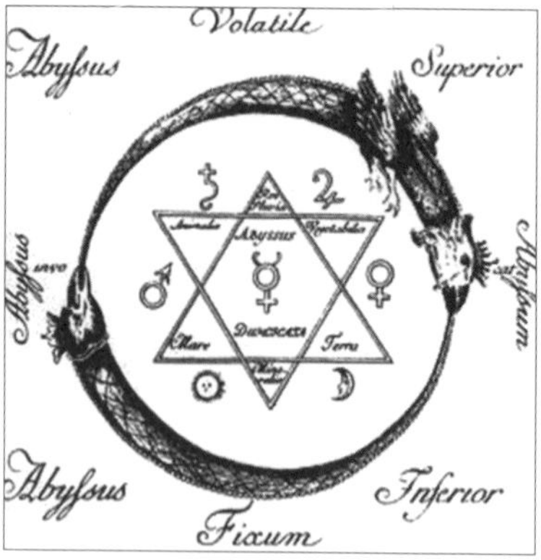

우로보로스 이미지의 적용
불교의 윤회 사상을 상징하는 우로보로스 이미지(왼쪽)와
중세 연금술의 상징물인 우로보로스 이미지(오른쪽).

뱀 또는 용이 자신의 꼬리를 물고 삼키는 형상으로 원형의 모습으로 주로 나타나는 고대의 상징입니다. 우로보로스는 중세 연금술의 대표적 상징물이 되었고, 융과 같은 심리학자들은 인간의 심상을 나타낸다고 보았습니다. 뱀이 상징물이 된 것은 탈피 행동을 통해 '낡은 육체를 버리고(죽음) 새로운 육체를 얻었다(재생)'는 이유에서입니다. 결국 탄생을 뜻하는 '입(몸의 시작)'으로 죽음을 의미하는 '꼬리(몸의 끝)'를 물어서 죽음과 탄생(재생)이 이어지게 되는 셈입니다.

우로보로스의 순환 구조라는 이미지는 미궁의 이미지와 일맥상통합니다. 미궁도 입구로 들어가서 한 바퀴 돌아서 다시 출구로 돌아 나옵니다. 다시 시작점에 서게 되는 셈이죠. 그래서 미궁은 죽음과 재생의 상징으로도 많이 활용되었습니다.

중세 유럽에는 바닥에 미궁 이미지를 장식한 교회가 많았습니다. 교회에 들어선 신자들은 '교회 미궁'이라 불리는 바닥 장식을 따라 걷습니다. 미궁을 따라 걷는다는 것은 '출입구 → 중심 → 출입구'라는 모든 과정을 통과하는 것을 의미하며, 이런 행위를 통해 신자들은 영적 죽음과 영적 재생을 체험하게 됩니다.

이렇듯 미궁 이미지는 중세 교회가 표방하던 교리를 보다 알기 쉽게 전달하면서, 하나님의 위대함을 감각적으로 표현하려는 노력의 일환이기도 했습니다. 높은 천장의 대예배당, 첨탑 형식의 건축 양식 그리고 색유리창(스테인드글라스)처럼 미궁 장식도 무지한 대중이 믿음을 받아들이는 데 일조했습니다.

또한 죄 많은 과거의 영혼을 정화하고 구제의 길을 걸어가는 것, 미궁은 이를 쉽게 표현하는 상징이기도 했습니다. 교회 미궁의 중심에는 미노타우로스 이야기가 그려지기도 했는데, 이때 테세우스는 신자 자신, 아리아드네가 건넨 실은 신도를 이끄는 그리스도의 손길, 미노타우로스는 악마를 상징했습니다. 그리고 미궁에서 빠져 나오는 것은 혼탁한 현세를 벗어나 신의 세계를 경험하는 상징이었으며, 같은 길을 걸어 나온다는 의미는 그리스도의 부활을 상징하기도 했습니다.

미궁의 중심은 이런 의미에서 죽음과 새로운 탄생이 일어나는 특별한 장소입니다. 왜냐하면 중심에 이르러서는 180도 방향을 바꾸어 온 길로 되돌아 나가기 때문입니다. 180도 방향이 바뀐다는 것은 전혀 다른 상태가 되는 것, 즉 죽음과 탄생, 어둠과 밝음과 같은 대극적 상태로 변화하는 것을 상징합니다. 그리고 출입구에서 중심에 이르는 길은 과거를 뜻하는 죽기 전의 시간이고, 중심에서 출입구에 이르는 길은 미래를 뜻하는 재생 후의 시간입니다. 그러나 길은 하나이기 때문에 결국 과거와 미래의 시간은 계속 반복되는 구조입니다.

미궁과 미로의 개념이 서로 뒤섞여 사용되면서 지금은 '미로'가 미궁이 지니는 특성과 미로가 지니는 특성을 모두 표현하는 단어가 되었습니다. 이 때문에 현재 우리가 쓰는 미로라는 단어는, 기하학적으로 질서 정연하며 죽음과 재생을 상징하는 미궁의 본연적 특성과 장애물이 가득한 불안정성이라는 미로의 특성을 모두 가지게 되었죠. 이런 양립할 수 없는 특성의 공존은 매우 특이한 공간으로 우리를 매혹시킵니다. 영화 〈샤이닝〉에서 주인공 잭이 그랬듯이 말입니다.

내 공간이
미로가 되는 날

영화 〈샤이닝〉은 공포 소설의 대가 스티븐 킹Stephen King의 원작을 스탠리 큐브릭 감독이 영화화한 1980년도 작품으로, 잭 니콜슨의 살기 어린 열연이 돋보이는 스릴러입니다.

겨울 동안 눈 때문에 고립되는 호텔 사정 때문에 호텔 관리자로 고용된 잭(잭 니콜슨 분)이 아무도 없는 호텔에서 가족과 생활하다가 과거에 일어난 살인 사건의 악령에 휘말려 호텔을 공포의 도가니로 만들고 자신도 결국 죽음을 맞이한다는 것이 대략적인 이야기입니다. 스탠리 큐브릭 감독답게 난해함이 곁들어 있는 작품이기도 합니다.

영화의 무대가 폭설로 고립된 호텔 내부와 호텔 정원으로 한정되어 있어서, 개인의 욕망이나 정체성을 투영하는 사적 공간이 등장하지는 않는 듯 보이기도 합니다. 따라서 〈샤이닝〉은 표면적 공간 배경만을 보면 전혀 이 책의 주제와 어울리지 않습니다. 하지만 이런 일반적 생각을 뒤엎고 공적 공간을 개인의 정체성을 상징하는 사적 공간으로 삼았다는 점에서 감독의 독창성을 엿볼 수 있습니다. 즉 극 중에서 호텔은 잭에게는 많은 사람이 이용하는 공적 공간이 아니라 자신과 가족이 지내는 집으로 표현됩니다.

영화 속에서 호텔을 집과 동일한 공간으로 보고 살펴볼 때 주목해야 할 점이 두 가지 있습니다. 또한 이것은 이 영화의 공간을 분석하는 관점이기도 합니다.

우선 하나는 이야기의 중요한 상징물로서 '미로'라는 공간 분석입니다. 미로는 호텔 외부의 정원에도 만들어져 있고, 호텔 내부도 마치 미로와 같은 구조라는 점이 영화 내내 강조됩니다. 또한 결말 자체가 미로의 상징적 해석과 동일합니다. 그러므로 앞서 살펴본 미궁과 미로의 개념이나 상징성을 염두에 두고 분석을 해야 합니다.

또 하나는 모든 사람이 사용하는 공적 공간이 어느 한 개인의 사적 공간으로 바뀌면서 일어나는 정체성의 투영이라는 점입니다. 표면적으로는 어느 한 개인의 정체성이나 욕망이 투영될 가능성이 없어 보이는 공적 공간인 호텔이 무대이지만 감독은 이를 비웃듯 개인의 정체성과 욕망을 호텔에 가장 극명히 투영시켜 보여 줍니다. 개인의 정체성과 욕망이 투영된 공간은 더 이상 공적 공간이 아니라 사적 공간으로 바뀝니다. 그러므로 어떻게 공적 공간이 사적 공간으로 변화하는지를 염두에 두고 영화를 보는 시각이 필요합니다.

공적 공간과 사적 공간은 사회 구성원인 개인이 얼마나 공간에 접근 또는 사용 가능한가에 따라 1차적으로 구분됩니다. 사회 구성원 모두가 사용 가능한 공간, 즉 공원 · 도서관 · 학교 · 광장 · 역 등은 전형적인 공적 공간입니다. 각 개인이 소유하고 있는 집, 별장과 같은 공간은 사적 공간입니다.

물론 집 안의 공간도 가족 구성원 차원에서 구분이 되어, 거실이나 식당은 공적인 공간으로, 개별 방은 사적인 공간으로 나눌 수 있습니다. 집과 비슷하게 회사의 사무실도 여러 사람이 사용하기 때문에 공적 공간이지만, 특정인의 책상을 중심으로 하는 공간은 사적 공간에 해당합니다.

따라서 공간을 공적, 사적으로 나누는 것은 물리적 속성보다는 이용자의 심리적 속성에 의거한다고 생각할 수 있습니다. 공원과 같은 전형적 공적 공간에서 만일 제가 벤치에 앉아 있다면, 저나 주변 사람은 그 벤치를 상대적으로 저의 사적 공간이라고 생각하게 되므로 제 옆에 앉으려고 할 때 사적 공간을 침범하는 것이라 여겨 약간 주저하는 경향이 있습니다. 지하철을 타면 흔히 옆자리 사람을 하나 건너 띄어서 앉으려는 것도 미리 자리에 앉은 사람의 사적 공간을 의식하기 때문입니다.

그런데 때로는 공적 공간이 사적 공간으로 바뀌는 때가 있습니다. 예를 들면 아무도 없는 교실에 혼자 남게 되면 칠판에 낙서도 하도, 음악을 크게 틀어 놓고 춤도 추고, 책상을 모아다가 침대를 만들기도 합니다. 이렇게 공간을 자신의 의도대로 변화시키게 되면 이런 과정에서 반드시 그 사람의 정체성이 투영됩니다. 그리고 그 전까지는 전혀 관련 없을 것 같던 공간 요소나 의미가 그 사람의 심리 또는 상황과 연결되죠. 아니 어쩌면 그 반대로, 그 사람은 공간 요소나 의미를 무의식적으로 파악하고, 자신의 심리 또는 상황과 연결시켜 이를 사적 공간으로 바꾸었다고도 할 수 있습니다.

그럼 이제 호텔을 자신의 공간으로 만들었지만, 만들어 놓은 공간이 미로가 되는 바람에 자신이 나가야 하는 출구를 찾지 못해 결국은 미로 속에 갇혀 버리는 불쌍한 주인공 잭의 이야기를 시작해 보겠습니다.

잭의 집이 되는

호텔

무명 소설가 잭은 조용히 글을 쓸 수 있겠다는 생각에 겨우

내 영업을 하지 않는 산속 호텔을 관리하는 관리인 업무를 맡아 아들, 부인과 셋이서 넓고 텅 빈 호텔에서 생활하게 됩니다.

우선 영화는 깊은 산속 호텔로 가는 잭의 자동차를 하늘에서 카메라가 내려다보는 장면으로 시작합니다.

이 오프닝은 마치 미로 속에서 길을 걷고 있는 모습처럼 보입니다. 앞서 미궁의 개념처럼 길은 한 방향으로 나 있습니다. 그리고 그 길을 따라가면 죽음과 재생의 장소이자, 영화의 중심이 되는 호텔이 있습니다. 마치 그런 의미를 함축한 오프닝입니다. 뒤에 자세히 다루겠지만, 마치 호텔 정원에 만들어진, 나무로 된 미로 속을 걷는 장면의 데자뷔와 같은 느낌이라 할 수 있습니다.

오프닝이 만들어 내는 또 하나의 이미지는, 마치 영화 이야기가 '옛날 옛날 아주 먼 옛날 먼 곳에'로 시작되는 옛날이야기와 같은 분위기입니다. 감독은 의도적으로 호텔까지 가는 머나먼 여정을 멀리 떨어진 시점에서 보여 줍니다. 먼 곳은 먼 시간과 관련이 있습니다. '아주 오랜 옛날 여기가 아닌 먼 곳은'은 이미 현실이 아닌 신화적 세계이며 동화적 세계입니다. 그곳, 그 시간에는 지금은 상상할 수 없는 일들이 일어납니다. 오프닝을 보는 우리는 어렴풋이 그런 느낌을 받습니다.

세 사람은 호텔에 도착해서 관계자로부터 설명을 듣고는 본격적으로 셋만의 겨우살이를 시작합니다. 호텔 정원에는 '정원 미로'로 분류되는, 나무로 만든 미로가 있습니다. 그리고 호텔 로비에는 그 정원 미로의 축소판

〈샤이닝〉의 오프닝
잭의 차가 무성한 숲길 사이로 나 있는 길을 달리는 조감 영상.

모형이 놓여 있습니다. 아들과 아내가 정원 미로에서 장난치며 돌아다닐 때, 잭은 로비의 모형을 내려다봅니다. 이 두 장면은 오버랩되기 때문에 마치 잭이 부인과 아들이 걷고 있는 미로를 위에서 내려다보는 것처럼 보입니다. 잭을 하늘에서 아래 세상을 내려다보는 신처럼 해석할 수 있는 장면입니다.

미로는 전체를 알 수 없기 때문에 미로입니다. 그러므로 부인과 아들에게는 미로겠지만 위에서 내려다보는 잭에게 미로가 아닌 셈입니다. 잭은 전체를 바라보면서 구조를 알 수 있기 때문입니다. 이 장면은 잭이 이 공간, 즉 호텔 내부와 외부 전체의 지배자라는 것을 암시적으로 보여 줍니다. 공적 공간이 아니라 잭의 사적 공간이 되는 순간입니다.

잭이 호텔에 들어서서 가장 먼저 관심 있게 미로를 바라보는 그 순간부터 호텔 내부와 외부는 잭의 개인 공간으로 변화하고 잭은 마치 자신의 집처럼 호텔을 바꿔 나가기 시작합니다. 잭은 우선 호텔의 중심 공간인 로비의 한가운데에 글을 쓰기 위해 필요한 책상과 의자를 가져다 놓습니다. 책상과 의자는 원래 그 자리에 없던 것입니다. 공간을 바꿀 수 있는 권한을 갖게 된 셈이죠.

그가 관리인 업무를 맡은 이유가 쓸쓸하고 외롭지만 책을 쓸 수 있는 조용하고 개인적인 공간이 필요했기 때문이므로 작업장으로 선택한 로비는 당연히 사적 공간으로 의미가 변화합니다. 호텔 내부 공간에서 많은 사람이 오가는 공적 공간인 로비가 잭의 사적 공간이 된다는 것은, 호텔의 나

호텔에 있는 두 개의 정원 미로

실제 정원 미로를 산책하는 부인과 아들(왼쪽)과 로비에 있는 미로 모형을 바라보는 잭(오른쪽).

호텔 로비

잭은 로비 가운데에 책상과 의자를 가져다 놓고 글을 쓴다.

머지 다른 공간도 당연히 잭의 사적 공간이 된다는 것을 암시합니다.

그는 호텔의 방 하나, 또는 관리인 가족이 지내는 별도의 공간에 자신의 작업장을 만들 수 있는데도 너무 넓어 휑한 느낌을 주는 로비를 작업장으로 삼습니다. 뭔가 석연치 않은 이 공간 선택은 이후 방향을 잃고 폭주하는 그의 욕망과 정체성을 암시하기도 합니다.

개방적인

그래서

방황하는

호텔 로비는 개별 방(룸)을 제외하고는 호텔의 공간 어디로든 연결되도록 설계되어 있습니다. 특히 로비가 있는 1층 공간들과는 연결적인 동선動線 배치로 되어 있습니다. 또한 외부로도 직접 통할 수 있게 되어 있습니다. 다시 말해 호텔 어느 곳보다도 가장 개방된 공간이며 연결 허브인 셈입니다. 이렇게 본다면 약간 고개가 갸웃거려집니다. 왜냐하면 이 영화가 처음부터 제기하고 있는 심리적 불안은 밀실공포증 또는 폐소공포증을 암시하기 때문입니다.

잭이 처음 호텔 지배인을 찾아가서 관리인 채용 면접을 볼 때, 지배인은 폐쇄된 곳에서 겨우내 외롭고 격리되어 있어 힘들 수도 있다는 이야기를 합니다. 전에도 겨울 관리인 한 명이 격리된 상황에서 정신이 이상해져 가족을 죽이고 스스로 자살했다는 이야기와 함께.

이 대화를 들으면 관객 모두 폐쇄된 곳에서 발생하는 심리적 불안과 초조함이 뭔가 사건을 일으킬 것이라고 짐작하게 됩니다. 하지만 영화 이야기와 등장인물 등의 요소를 들여다보면 이 격리와 외로움 자체가 아니라, 문제를 만들어 내는 것은 오히려 개방과 연결성입니다. 즉 지나치게 많은 것과 연결되어 발생합니다.

영화 제목인 '샤이닝'은, 영화 속에서는 '다른 사람 눈에는 보이지 않거나 느끼지 못하는 것을 느끼는 특별한 능력'을 말합니다. 잭의 아들은 이 능력을 갖고 있어서 살인 사건의 상황과 죽은 사람의 환영을 봅니다. 비슷한 능력을 지닌 호텔 주방장의 말에 따르면 이런 능력은 누군가로부터 물려받는다고 설정되어 있습니다.

따라서 당연히 아버지인 잭도 자신은 아직 그 능력이 발현되지는 않았지만, 능력 자체의 잠재성은 갖고 있다고 짐작할 수 있습니다. 영화에서는 물론 잭도 점차 폐쇄된 공간에서의 불안감과 초조함 등에 영향을 받아 예전에 일어난 살인 사건뿐만 아니라 악령들을 보게 되고, 악령들의 영향으로 부인과 아들을 죽이려고 덤벼듭니다.

하지만 이는 영화의 표면적인 이야기일 뿐입니다. 이야기 구조상의 표면구조인 셈입니다. 이야기에는 표면구조와 함께 캐릭터의 심리를 표현하거나, 이야기가 사회적 무의식을 대변하는 심층구조가 존재합니다.

쉽게 생각해서 인간에겐 의식과 무의식이 있고, 의식상에서의 어떤 행동이 무의식적으로는 다르게 해석되는 것과 같은 이치라고 보면 됩니다. 예를 들어 A라는 사람이 잘 알고 있는 B의 이름을 몇 번 한 글자씩 잘못 말해서 이를 지적하면 '아, 미안해. 잠깐 착각했어'라고 말하는 경우가 있습니다. 아주 사소한 실수인 듯하지만, 무의식 수준에서 A는 B의 존재를 무시하거나 혐오하고 있기 때문이라고 해석할 수 있습니다. 정신분석의 창시자인 프로이트Sigmund Freud는 이런 말실수slip of the tongue를 단순한 행동 착오가 아니라 무의식의 투영이라고 보았습니다.

만일 잭이 이상해지는 상황을 단순히 '폐쇄적 상황으로 인한 정신이상 발현'이라고 본다면 이는 지나치게 표면구조에만 의거한 해석이라 할 수 있습니다. 잭은 처음부터 호텔이 폐쇄, 격리될 것을 알았고, 충분히 그런 상황에서 어떤 문제점이 있을지도 알고 있는 상태에서 관리인 역할을 맡게 됩니다. 게다가 잭은 혼자 조용히 지내고 싶어 잘되었다고까지 생각합니다. 그러므로 반대로 생각해야 합니다. 문제는 격리를 원하는 그의 마음과는 달리 지나치게 개방적이고 수용적인 환경이 만들어졌다는 것입니다. 그 상징적 공간이 바로 책상을 놓아 둔 로비입니다.

벽이 없는 고통

앞서 말한 것처럼 로비는 지극히 개방적이고 연결적인 공적 공간입니다. 많은 것이 자유롭게 들어오고 나가면서 순환적으로 움직이는 곳입니다. 이런 공간의 의미는 제목인 '샤이닝'의 의미와도 상통합니다. 샤이닝은 다른 사람이 보고 느끼지 못하는 것을 보거나 느끼는 능력을 말합니다. 다른 사람이 차원의 벽을 치고 살아간다면 샤이닝 능력을 가진 사람은 벽이 없는 사람입니다. 하지만 스스로 벽을 허문 것이 아닙니다. 아들의 경우에는 사고로 벽이 허물어졌고 벽이 없는 것에 괴로워합니다. 벽이 없다는 것이 고통입니다.

벽은 영역을 구분해 주면서 개방성과 연결성, 순환성을 저해하는 요소입니다. 사실은 어느 정도 마음속에 벽이 존재해서 구분하는 역할을 해 주어야만 우리 마음은 평안할 수 있습니다. 만일 무의식 속 모든 욕망이 벽이 없어져서 의식으로 올라와 그대로 행동하게 되면 어떻게 될까요? 보나마나 크게 문제가 되고 개인의 생활은 엉망진창이 될 것입니다. 그래서 프로이트도 무의식과 의식 사이의 벽 역할을 중요하게 생각했습니다.

호텔 로비는 벽으로 구분되지 않고 통로로 연결된 개방 구조입니다. 주위의 자극도 쉽게 들어오고 나갑니다. 어찌 보면 많은 '흐름'과 접할 수 있는 최적의 공간이기도 합니다. 잭은 이 공간에서 호텔에 기거하는 보이지 않는 많은 것을 접할 수 있게 됩니다. 이는 폐쇄성이 아니라 개방성과 수용성에 의한 것입니다. 샤이닝 능력의 잠재성을 지니고 있는 잭이 스스로 능력이 표출될 수 있는 공간을 선택해 지내는 것이죠. 반대로 능력을 지닌 아들은 좀처럼 로비에 모습을 드러내지 않습니다. 그저 객실 통로를 계속 빙글빙글 돌면서 시간을 보냅니다.

같은 능력을 가졌는데도 아버지와 아들의 공간은 전혀 다릅니다. 아버지는 로비, 아들은 통로를 통해 자신의 공간 정체성을 보여 줍니다. 대비적으로 엄마가 주로 시간을 보내는 곳은 부엌과 관리인의 방입니다.

사실 영화에서의 공간이 주요 장치로 등장하는 경우, 사적 공간으로 등장해야만 캐릭터의 정체성이 투영됩니다. 또한 공적 공간이더라도 특정 캐릭터의 정체성이 투영되었다면 그건 사적 공간으로 보는 것이 더 바람직합니다. 그러므로 세 사람의 캐릭터에게는 각 캐릭터의 정체성을 반영하는 세 곳의 사적 공간이 등장합니다. 왜냐하면 영화에서 세 사람은 독립된 역할을 하도록 설정되어 있기 때문입니다. 아들은 사건을 암시하고 예지하는 역할, 잭은 사건을 일으키는 역할, 부인은 잭에 대항하고 사건을 해결하는 역할입니다.

잭의 공간인 로비를 잭의 정체성 또는 심리 상태의 상징이라고 한다면, 잭은 명확히 구분되어 있지 못하며, 쉽게 변형될 수 있는 정체성 또는 심리 상태를 갖고 있다고 할 수 있습니다. 실제로 잭이 어떤 사람인지, 어떤 마음으로 그곳에서 지내는지, 감독은 이를 파악할 단서를 별로 주지 않습니다. 고작해야 소설을 쓰고자 하는 사람 정도입니다.

주인공 캐릭터를 어느 정도 보여 주고 나서 이야기가 전개되는 다른 영화와는 달리, 잭이 어떤 인물인지에 대한 정보가 별로 없이 무조건 사건의 무대가 되는 호텔로 떠납니다. 이에 비하면 아들의 캐릭터는 비교적 이해가 쉽게 그려질 뿐만 아니라, 같은 능력을 가진 주방장과의 대화를 통해 더 명확해집니다.

로비에서 지내면서 잭은 자신을 둘러싼 모든 자극에 더욱 민감해지고, 성격과 생각이 쉽게 바뀌는 캐릭터가 됩니다. 조그만 소리에도 반응하고 자신의 신경을 건드리는 부인에게 전에 없이 화를 냅니다. 이런 그의 변화는 그가 처해 있는 로비의 특성이기도 합니다.

감각적 자극을 포함해 시간과 공간의 모든 것을 너무 쉽게 받아들일 수 있는 개방된 공간. 그 공간이 오히려 잭이 자신은 누구인지를 인식하는 데 장애를 줄 뿐만 아니라, 무분별한 자아 확장으로 인해 잭은 점차 현실에서의 자신을 잃어 가게 됩니다.

미로의 중심,
로비

호텔 로비가 모든 곳으로 통하는 구조라는 점은 미궁이나 미로의 개념에서 보면 중심 공간을 의미합니다. 앞서 중심은 죽음과 재생이 일어나는 공간임을 설명했습니다. 따라서 로비를 잭이 자신의 공간으로 했다는 것은 이미 죽음과 재생이 잭 안에서 일어나고 있음을 알려 줍니다.

이렇게 보면 오프닝 속 호텔에 이르는 숲길은, 잭에게는 미궁의 중심에 이르는 외길임을 알 수 있습니다. 미로가 핵심적 공간 무대인데도, 상징적 개념은 미궁이라는 점에서, 미궁과 미로의 개념적 혼동이 영화에서도 나타납니다.

잭은 로비에서 글쓰기 작업을 하면서, 샤이닝의 능력이 발현되고, 과거에 가족을 살해한 관리인과 만나 이야기도 하고, 호텔 전성기의 손님들로 북적대던 몇십 년 전 바에서 술도 마시는 등, 현실적으로는 불가능한 체험을 합니다. 아마도 샤이닝 능력이 로비라는 공간에 의해 지나치게 강해진 탓일 것입니다.

그 후 잭은 전화선을 끊어 외부와의 연락을 차단하고 부인과 아들을 공포로 몰아넣습니다. 글쓰기도 제대로 하지 않고 점차 난폭하고 신경질적인 사람이 되어 가는 그에게 두려움을 느낀 부인은 야구방망이를 들고 로비로 몰래 가 잭이 쓰고 있는 원고를 들춰 봅니다. 무언가 타이핑된 종이는 잔뜩 쌓여 있지만, 내용을 보니 온통 똑같은 문장만 반복적으로 나열되어 있습니다.

All work and no play makes Jack a dullboy.

(일만 하고 놀지 않으면 잭은 바보가 된다).

이 장면을 목격한 잭은 부인을 죽이려고 쫓아옵니다. 부인과 아들은 필사적으로 잭을 피해 도망치고, 눈이 쌓인 정원으로 나가 미로로 들어갑니다. 잭은 두 사람을 쫓아 미로로 들어가지만, 다음날 미로에서 빠져나오지 못하고 얼어 죽은 채 발견됩니다. 이것이 영화의 결말입니다.

그리고 엔딩에는 호텔 홀에 걸려 있는 1921년 파티 사진이 비추어집니다. 흥미로운 것은 사진 한가운데 여러 사람에게 둘러싸인 지배인의 모습이 있는데 그 얼굴이 바로 잭의 얼굴입니다.

결국 잭을 쓰려는 목적으로 관리인이 된 한 가정의 가장은, 로비에 자리를 잡으면서 전혀 다른 사람이 되었습니다. 이전의 그는 어디론가 가 버리고 새로운 자기, 즉 호텔이 전성기를 구가하던 몇십 년 전의 지배인으로 자신을 동일시하고, 성격도 이전과는 다른 새로운 성격의 사람으로 바뀝니다. 이전의 자신은 죽고, 새로운 자신으로 태어난 셈입니다.

하지만 진정한 재생은 미로를 벗어났을 때 완성됩니다. 출구를 나와야 새로운 자신으로 현실을 살아가는 것이니까요. 하지만 잭은 미로에서 빠져나오지 못하고 죽고 맙니다. 죽음은 성공적으로 이뤄졌지만, 재생은 성공적이지 않았고, '일상 → 비일상 → 일상으로의 회귀'가 마무리되지 않았기 때문이죠.

이는 정체성의 혼란이 만들어 낸 불행한 결말입니다. 우리는 각자 자신의 정체성을 지니고 있습니다. 그리고 정체성은 상황이나 시간에 상관없이 일관된 특성을 지닙니다. 만일 상황과 시간마다 다른 사람처럼 행동한다면 정체성에 장애를 가진 다중인격자라고 생각할 수 있습니다.

잭은 로비에서 상징적인 죽음을 통해 새로운 자신으로 태어나는 과정에서 이전과 이후의 두 정체성은 혼합되어 혼돈에 빠집니다. 뒤죽박죽되어

버린 그의 정체성은 만일 그가 새롭게 태어났다면 헤어날 수 있던 정원 미로에서 길을 잃게 만듭니다. 호텔에 들어온 날 정원 미로는 그에게 미로가 아닙니다. 그는 그 미로의 모든 것을 알고 있는 정체성을 지닌 사람으로 다시 태어난다는 복선이 있었습니다. 하지만 그가 죽은 장소가 미로인 것은 그가 애당초 목적으로 한, 새로운 정체성을 확보하지 못했다는 의미가 됩니다.

그가 이런 정체성 혼란을 경험하게 된 것은 전적으로 잭의 샤이닝 능력에 기인합니다. 그 능력은 1921년 지배인의 정체성, 과거 가족을 살해한 관리인, 과거 투숙객의 정체성 등 호텔과 관련된 수많은 사람을 자신의 내면에 받아들이게 됩니다. 단지 시공간을 뛰어넘어 볼 수 있던 샤이닝 능력이 확대되어 자신이 만나는 사람 · 공간 · 시간을 내면에 받아들인 것이죠.

공간의 미로,

시간의 미로

미로는 공간만이 아니라 시간 차원에서도 존재합니다. 이는 왜 잭이 이전의 관리인과 몇십 년 전 지배인의 정체성을 자신의 정체성과 혼합하는지를 이해하는 데 필요한 개념입니다.

몰과 로머는 《공간의 심리학》에서, 일반적인 미로 연구자들이 형식이나 장소에 따른 분류를 하는 데 비해, 미로의 종류를 차원의 개념을 활용해 분류했습니다.

우선 2차원 공간의 평면적 미로는, 흔히 우리가 보는 종이에 그려진 미로나 정원에 만들어진 미로입니다. 두 번째로 3차원 공간의 미로는, 백화점과 같이 상하로 이동하는 엘리베이터나 계단 등이 존재하는 높이가 첨가된 미로입니다. 세 번째는 4차원 미로입니다. 이 미로에서 개인은 시간과 동시에 공간 내에 미리 정해진 선에 따라 이동하지 않으면 안 됩니다. 게임 속에서 어느 특정 장소에 가면 다른 시공간으로 워프하는 것을 연상하시면 좋습니다.

이 시간적 차원의 미로는 공간이 존재하기 위해서는 시간이 필요하다는 철학 개념에서 출발했습니다. 사실 우리가 인식하는 공간은 '어떤 시간에 있던 특정 공간'입니다. 쉽게 생각해서 5시 1분에 앉아 있던 공원은 5시 2분에 앉아 있던 공원과는 다른 공간입니다.

무슨 소리냐고요? 공원은 같은 거 아니냐고요? 5시 1분과 5시 2분 사이에 1분이라는 시간이 흐르면서 공기 · 햇빛 · 바람 그리고 공간에 있던 사람들, 심지어 우리가 생각하는 공간의 이미지가 사실은 많이 바뀌었습니다. 마치 1분 전의 나는 지금의 내가 아니듯이 말입니다. 그 1분 동안 세포가 죽고 다시 만들어지고 나의 생각도 1분만큼 성숙했을 것입니다.

이처럼 공간은 시간과 떼려야 뗄 수 없는 관계라서, 시간과 공간을 합쳐 흔히들 '시공간'이라 표현합니다. 그러므로 공간적 미로가 있다면, 시간적 미로도 존재할 수 있습니다.

잭이 길을 잃고 헤맨 것은 공간적 미로만이 아니었습니다. 시간의 미로 속에서 결국 책은 현실로 돌아오지 못했습니다. 이 때문에 과거 관리인의 시간으로도 가고, 1921년으로 돌아가는 등, 시간이 뒤죽박죽되어 버렸죠.

시간의 미로가 잘 이해가 안 되면 영화 〈인셉션〉을 떠올리시길 바랍니다. 〈인셉션〉은 꿈을 조종하는 내용이지만 결국은 시간의 미로를 탐험하는 영화입니다. 앞서 미궁의 설명에서, 미궁에 들어가서 중심으로 가는 것은 과거의 시간을 걷는 것입니다. 그리고 중심에서 다시 돌아오는 것은 미래를 걸어 현실로 돌아오는 것입니다. 〈인셉션〉에서 주인공 코브(레오나르도 디카프리오 분)는 자신의 시간이 과거에 멈춰 있는 것에서 고통을 받습니다. 시간적 차원의 미로에서 빠져나오지 못하고 과거의 자신, 과거의 시간에 얽매여 있습니다. 하지만 어쩌면 그는 스스로가 그 시간적 미로에서 스스로 나오려 들지 않고 머물러 있기를 원하고 있는지도 모릅니다.

뫼비우스의 띠,
순환적 미로

〈인셉션〉은 〈샤이닝〉과 마찬가지로 미로의 개념이 영화 전반에 포진되어 있습니다. 하지만 〈샤이닝〉이 직접적으로 미로를 공간으로 사용했다면, 〈인셉션〉은 시간의 개념과 함께 미로에서의 방황을 의미하는 순환적 개념을 차용합니다.

우리는 누구나 낯선 곳에 가서 계속 한곳을 빙글빙글 돈 경험이 있습니다. 길을 잃고 방황한 결과입니다. 미로 속에서도 마찬가지입니다. 미로는 분명히 나가기 위해 들어온 곳인데도 불구하고 출구를 발견하지 못하면 내부에서 계속 빙글빙글 돌게 됩니다. 계속 같은 공간을 순환적으로 왔다 갔다 하는 것이죠.

스탠리 큐브릭 감독의 미로 속에서의 순환적 이미지는 1968년도 작품 〈2001 스페이스 오디세이〉에서 나옵니다. 〈2001 스페이스 오디세이〉에서 시간은 '유인원들의 시대 → 현대 → 미래'라는 직선(선형)이 아니라 순환적으로 흐릅니다. 이는 마지막 장면에서 주인공이 어린아이가 되고 세상의 시작으로 환원되는 이미지나, 우주선 안에서 조깅을 하는 장면에서 위아래로 빙글빙글 도는 순환적 장면으로 표현됩니다.

〈샤이닝〉에서도 과거와 현재가 순환적으로 이어지면서 잭은 이 시간의 고리에서 빠져 나오지 못합니다. 실제로 출구가 없는 것이 아니라, 잭이 출구를 찾지 못했기 때문에 우리는 시간적 차원의 미로가 마치 뫼비우스의 띠처럼 순환적으로 그에게 인식되었을 것이라고 추측할 수 있습니다.

〈인셉션〉에서는 직접적으로 이런 순환적 고리를 이미지로 보여 줍니다. 팀에 합류하기로 한 맬(마리옹 코티야르 분)은 팀원인 아서(조셉 고든 레빗 분)로부터 조언을 듣기 위해 함께 꿈으로 들어갑니다. 아서는 꿈에서 무한 반복적으로 순환하는 '펜로즈의 계단'을 보여 줍니다.

아서는 펜로즈의 계단을 걸으면서 꿈속에서 잡히지 않기 위해서는 건물 구조를 복잡하거나, 폐쇄적이고 반복된 구조로 만들어야 한다고 맬에게

아서가 맬에게 '펜로즈의 계단'을 보여주는 장면(위)과 에셔Maurits Cornelis Escher의 석판화 〈상승과 하강〉 속 펜로즈의 계단(아래).

말합니다. 그러면서 다음과 같은 대화를 나눕니다.

> 맬 : 꿈의 수준은 얼마나 크게 해야 하죠?
>
> 아서 : 건물 계단에서 도시 전체까지 모두 다 가능해. 복잡하게 만들어야 우릴 찾아내지 못하지.
>
> 맬 : 아, 미로 말이군요.
>
> 아서 : 맞아. 멋진 미로.

대화에서 알 수 있듯이 이들에게 미로는 출구를 찾는 게임이 아니라 출구를 만들지 않는, 될 수 있으면 복잡하고 폐쇄된 공간을 의미합니다. 그러므로 자신들을 발견하지 못하도록 폐쇄적으로 설계된 공간이 자신들에게도 닫힌 공간이 될 수 있음을 의미합니다. 순환적인 미로처럼 말입니다.

도시는 미로다,
〈인셉션〉

〈인셉션〉은 이처럼 순환적이고 폐쇄적인, 시공간의 미로를 이미지 표현의 키워드로 사용합니다. 〈인셉션〉에서 가장 인상적인 장면인, 도시가 마치 책이 접히듯이 둘로 접히는 장면은 바로 이를 보여 주는 상징적 장면입니다.

아서와 맬의 대화에서 아서는 '도시 전체'도 폐쇄적이고 미로처럼 만들어야 성공적이라고 합니다. 즉 도시 자체가 미로가 되어야 한다는 말입니다. 그러나 도시가 미로 자체라는 생각은 크리스토퍼 놀런 감독이 처음 생각한 것이 아닙니다.

도시 자체가 미궁 또는 미로를 의미한다는 미궁도시설 또는 도시미궁설은 미노타우로스의 미궁이 있었다고 전하는 크노소스의 궁전을 실제로 발굴한 아서 에번스Arthur Evans로부터 시작되었습니다. 그는 상당히 넓은 면적의 크노소스 궁전 자체가 미궁이라는 견해를 보였습니다. 그 후 미로 연구의 대가인 얀 피퍼르Jan Pieper는 미노타우로스의 미궁이 발견되지 않는 것은 크노소스가 복잡하게 얽힌 길 때문에 방향감각을 잃기 쉬운 미궁 같았기 때문에 미노타우로스의 미궁이라는 것이 별도의 건축물이 아니라 하나의 도시인 크노소스를 말하는 것은 아닐까 의문을 가졌습니다. 실제로 크노소스의 도시 평면도는 매우 복잡한 길로 구성되어 있어 얼핏 보면 미로와 같이 느껴졌기 때문입니다.

피퍼르가 도시미로설을 주장하게 된 것은 현대 도시가 매우 복잡한 길을 만들어 가면서 확장, 발전해 그 안에서 방향감각을 잃어버리는 것이 마치 미로에서 방향감각을 잃는 것과 같다는 유사성에서 착안한 결과입니다. 그는 또 백화점 내부, 대학 캠퍼스처럼 도시 속 공간 자체도 미로처럼 형성되어 있어, 미로 안에 미로가 있는 이중 구조가 도시 미로의 특징이라고 보았습니다.

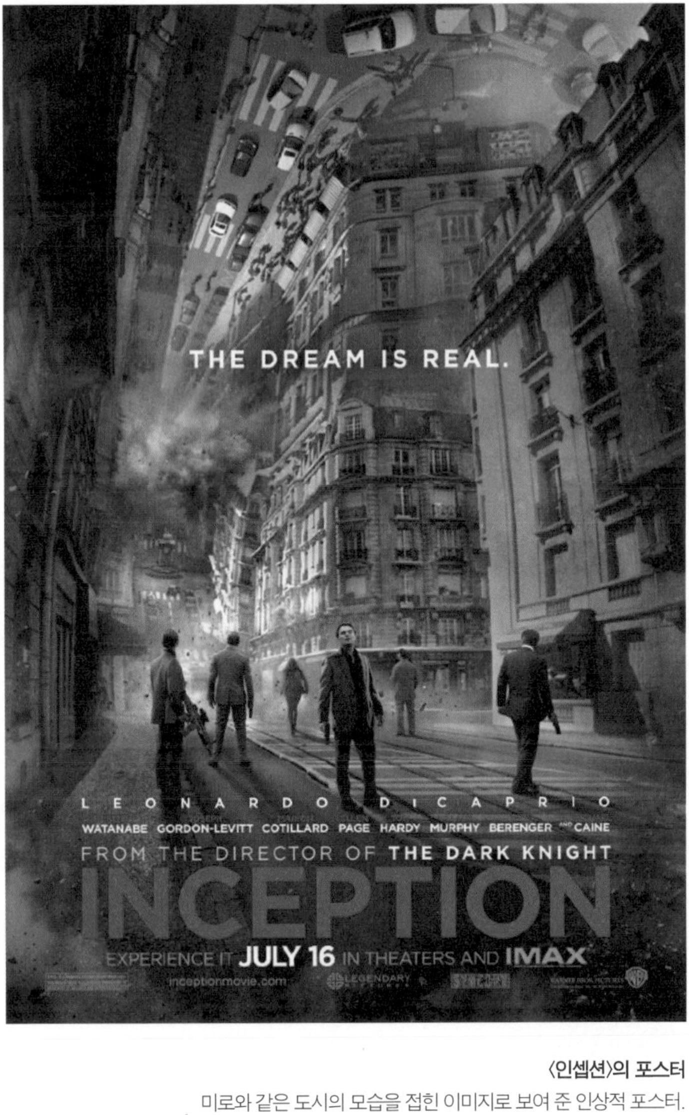

〈인셉션〉의 포스터

미로와 같은 도시의 모습을 접힌 이미지로 보여 준 인상적 포스터.

이렇게 생각하면 〈인셉션〉에서 자주 등장하는 도시를 위에서 바라보는 관점은 도시라는 공간 자체가 마치 하나의 꿈, 하나의 미로와 같고, 여기서 살고 있는 우리는 도시라는 꿈, 도시라는 미로에서 살고 있다는 것을 말하고 있는 것은 아닐까요?

내가 사는 집,
도시 미로의
출구

모든 일에는 시작과 끝이 있고, 모든 생명에는 탄생과 죽음이 있습니다. 이를 순환적으로 해석하는 것은 유한한 생명, 유한한 시간을 지닌 인간의 영원성에 대한 바람에서 비롯한 것일지 모릅니다. 여러 종교에서 이야기하는 순환적 자연관 · 생명관은 이런 인간적 바람의 투영이라 할 수 있습니다.

집을 나서면 맞닥뜨리는 미로 같은 도시. 그 도시 역시 이런 영원불멸하고 싶다는 인간의 가장 원초적인 욕망이 투영된 공간일 수 있습니다. 현대를 살아가는 우리가 도시 속에서 다람쥐 쳇바퀴 도는 듯한 순환적 삶을 거부감 없이 받아들이는 것도 이런 욕망을 우리 스스로가 무의식적으로 알고 있기 때문인지도 모릅니다.

벽만 높이 세우고 제대로 된 문을 만들어 내지 못해 스타트와 골을 알지 못하게 되면 우리는 〈샤이닝〉의 잭이나 〈인셉션〉의 코브가 그랬듯이 '지금 여기here & now'의 자신을 잃어버리고 미로에서 헤맬 수도 있습니다. 그래서 시대가 혼돈스럽고 불안하고 우울할수록 열심히 마음의 출구를 만들기 위해 애씁니다. 책을 읽고, 여행을 떠나고, 차를 마시고, 영화를 보면서 우울과 불안을 다스리는 노력을 합니다.

하지만 그렇게 애쓰며 찾는 마음의 출구는 바로 우리가 살고 있는 집에 있습니다. 일본의 건축가 후지모리 데루노부藤森照信는 《인문학으로 읽는 건축 이야기》에서 다음과 같이 말했습니다.

> (수렵농경시대에) 사냥을 갔다 돌아올 때 멀리서 집을 보며 느끼는 것은 '그리움'이다. 만일 그때 집이 변해 있다면 이유 모를 화가 치밀어 오를 것이다. 그리움이란 것은 인간이 과거와 변함없이 그대로 남아 있는 어떤 풍경과 만났을 때 그것을 확인하는 순간에 일어나는 감정이다. 예전의 집이 지금의 집 그대로 존재한다는 것은, 예전의 내가 지금의 나에게로 이어지고 있다는 것을 확인하는 과정이다.

우리는 집의 문을 열고 나와 생존을 위해 도시라는 사냥터로 나갑니다. 그리고 길을 잘못 들어 헤매기도 하고, 상처받기도 하며, 일상화된 불안과 우울에 지쳐 다른 사람이 되어 버릴 것 같은 정체성 혼란도 겪습니다. 하지만 집으로 돌아오는 길, 멀리서 보이는 그 집이 이전 모습으로 존재하고, 문

요코하마 트리에날레 2011
순환성을 상징하는 원형 작품이 미로에 전시되어 있다.

을 열고 집에 들어서는 순간 이전의 자신과 다시 마주할 수 있습니다.

따라서 집은 도시라는 무한 반복의 영원성을 지닌 미로에서 빠져나와 과거의 나와 지금의 나를 확인할 수 있는 공간입니다. 그러니 집은 미로의 중심인 동시에 미로를 빠져나오는 유일한 출구이기도 합니다.

만일 길을 잃고 헤매고 있다고 생각된다면 집의 문을 열고 잠시 나갔다 돌아오는 길에 집을 바라보세요. 그곳에 여전히 당신의 귀환을 기다리고 있는, 여느 공간과 똑같아 보이지만 다른 모습의 집이 있을 겁니다. 같지만 같지 않은 그곳 그리고 시작과 끝을 가진 곳, 그곳의 문을 열고 들어서는 자신을 떠올리는 것만으로도 작은 안도의 쉼을 가질 수 있을 것입니다.

감사의 말씀

이 책의 부분적 초고는 제가 2011년 1월부터 일본 도쿄에서 영화 마케팅 조사 업무를 하면서 가족과 떨어져 혼자 지내는 시간에 만들었습니다. 외로움의 시공간은 누가 뭐라고 하지 않아도 뭔가를 끄적거리게 만드는 힘이 있습니다. 그리고 헌책방과 도서관을 누비면서 찾아낸 공간과 심리의 연관성에 관련된 책과 자료가 많은 도움이 되었습니다.

가장 먼저 초고의 가능성을 평가해 주시고 출간의 기회를 주신 서해문집의 강영선 님과 김종훈 님께 감사를 드립니다. 세상의 빛을 볼 운명이 아니었는지 2년 동안 제 컴퓨터 안에서 잠자고 있던 초고를 깨워 새로운 내용을 입히고 책다운 모양새를 갖추게 해 주셨습니다.

어려운 부탁인데도 자신의 일처럼 나서서 출간에 힘써 주신 홍정이 님과 노기원 님께 감사 말씀을 전합니다. 짧은 발표로 생각을 일깨워 주고 많은 이야기를 나눈 한은주 님께도 이 자리를 빌려 감사를 전합니다. 영화를 선별할 때 도움을 준 창작집단 멤버 강태균, 하정주, 김윤지, 이주령 님 그리고 초고 내용의 평가 부탁을 들어준 김지연 님과 영화평론가 이현경 님에게도 감사 인사를 드립니다.

그리고 생각하고 글을 쓰는 데 힘을 준, 사랑하는 딸 유라와 아내 이완정에게 고맙다는 말과 함께 사랑을 전합니다.

2014년 가을, 볕 드는 창을 보며